Dominikus
und die Dominikaner

Mit einem Essay von Anselm Hertz
und 48 Farbtafeln von Helmuth Nils Loose

Dominikus
und die Dominikaner

Herder Freiburg · Basel · Wien

Verlag und Fotograf danken
dem Hochwürdigsten Herrn Abt Pedro Alonso y Alonso OSB, S. Domingo de Silos,
den Hochwürdigen Herren Patres Egidio Carraci O.P., Prior von S. Domenico,
Bologna, und Mark de Caluwe O.P., Assistent des Ordensmagisters, S. Sabina, Rom,
den Mitgliedern des Kapitels der Augustinerchorherren von El Burgo di Osma
für alle Unterstützung bei den Aufnahmen für dieses Buch.

Leser, die sich weiter informieren möchten, sind auf eine Auswahl jener Literatur
verwiesen, die auch der Autor benutzt hat, um diese Ein- und Hinführung zu schreiben.
Für das Leben und das Werk des heiligen Dominikus sei vor allem das zweibändige
Werk „Geschichte des heiligen Dominikus" von M.-H. Vicaire O.P. genannt, des wohl
besten Kenners der Frühgeschichte des Dominikanerordens. H. Ch. Scheebens
Biographie „Albertus Magnus" bietet eine umfassende Orientierung, und für das Leben
des heiligen Thomas von Aquin sei die Einführung von W. P. Eckert O.P. in der
Sammlung „Heilige der ungeteilten Christenheit" genannt. Für die gleiche Sammlung
verfaßte W. Nigg „Das Leben des seligen Heinrich Seuse". Aus der seit Jahren immer
zahlreicher werdenden Literatur über Savonarola seien hier nur G. Gieraths O.P.
„Savonarola" und das gleichnamige Buch von E. Piper erwähnt und für Las Casas die
fundierte Biographie „Las Casas und seine Sendung" von B. Biermann O.P.
Pater Lacordaires leider unvollendet gebliebene Autobiographie, die als sein „Testament"
veröffentlicht wurde, bietet einen unmittelbaren Zugang zur Person des
Wiederbegründers des Predigerordens in Frankreich.

Gesamtherstellung: Freiburger Graphische Betriebe 1981
ISBN 3-451-18388-9

Vorwort

Es gibt wohl kaum einen Heiligen des Hochmittelalters, der so wenige persönliche Spuren hinterlassen hat wie Dominikus. Er hat keine Bücher geschrieben, niemand hat seine Predigten aufgezeichnet; die wenigen Briefe, von deren Existenz wir wissen, sind bis auf einen verlorengegangen. Aber auch die zeitgenössischen Berichte über ihn fallen im Vergleich zu anderen Heiligen seiner Epoche eher spärlich aus. Einige seiner engsten Mitarbeiter, wie etwa Reginald von Orléans, die aus ihrem Zusammenleben mit Dominikus hätten berichten können, sind noch vor ihm gestorben.

Zwar hat Jordan von Sachsen, der Nachfolger des heiligen Dominikus im Amt des Ordensmagisters ein „Büchlein über die Anfänge des Ordens" verfaßt, in dessen Mittelpunkt die Gestalt des Dominikus steht. Aber diese Schrift beschäftigt sich vor allem mit dem Werk des Heiligen. Es gibt zwar Aussagen über seinen Charakter, über seine körperliche Verfassung, seine Lebensgewohnheiten, ja sogar über seine Lektüre, aber diese Aussagen finden sich eher vereinzelt und verstreut.

Natürlich läßt sich aus der Fülle von Einzelaussagen so etwas wie ein Persönlichkeitsbild des heiligen Dominikus zusammensetzen: angefangen von den Aussagen der Schwester Cäcilie, die ihn als einen Mann von mittlerer Statur und zartem Körperbau beschreibt und auch nicht vergaß, seine wohlgeformten Hände und seine angenehme Stimme zu erwähnen, bis hin zum Bericht des Fra Rodolfo von Faenza, der über ihn schrieb: „Er war heiter und angenehm, geduldig und barmherzig, nachsichtig, der Tröster seiner Brüder."

Aber so anschaulich solche Aussagen auch sein mögen, sie erhalten ihren eigentlichen Stellenwert erst im Zusammenhang mit dem Werk des Heiligen, nämlich der Gründung des Predigerordens. Heilige wie etwa Bernhard von Clairvaux oder Franz von Assisi üben bereits durch ihre Persönlichkeit eine Faszination aus, die auch nach Jahrhunderten ebenso stark wirkt wie zu ihren Lebzeiten. Hingegen läßt sich die Persönlichkeit des heiligen Dominikus fast nur aus seinem Lebenswerk, aus dem von ihm gegründeten Orden erschließen. Wenn er z. B. in Toulouse die noch gar nicht gefestigte Gemeinschaft der Brüder wieder auseinanderreißt, weil er Mitglieder der Gruppe nach Paris und Spanien aussendet und den menschlich gerechtfertigten Vorhaltungen über ein vielleicht übereiltes Vorgehen mit dem Satz begegnet: „Widersprecht mir nicht! Ich weiß wohl, was ich tue", dann sagt diese Handlungsweise mehr über die Persönlichkeit des Heiligen aus als jede Aneinanderreihung von Eigenschaftswörtern.

Diese Handlungsweise verdeutlicht zugleich jene Antriebskraft im Leben des heiligen Dominikus, die die mittelalterlichen Theologen „zelus animarum" nannten, eine Formel, die mit dem Ausdruck „Eifer für die Seelen" nur ungenau übersetzt werden kann. Es war diese Sorge um die Menschen, um ihr Heil, die Dominikus zum Gründer des Predigerordens werden ließ, als er während seines Aufenthaltes in Südfrankreich die Schrecken des Albigenserkrieges miterlebte und versuchte, die vom kirchlichen Glauben entfremdete Bevölkerung durch die Predigt und nicht durch militärische Aktionen zur Kirche zurückzuführen.

Auf die Gründung eines apostolischen Ordens, dessen Hauptaufgabe die Predigt im weitesten Sinne des Wortes ist, verwandte er seine ganze Lebenskraft und seine Liebe. Er wurde durch diese Ordensgründung zu einem Erneuerer der mittelalterlichen Kirche. Seine letzten überlieferten Worte galten den Mitbrüdern, die sein Apostolat fortsetzten: „Weinet nicht! Nach meinem Tode kann ich euch nützlicher sein und euch mehr Segen bringen als während meines Lebens."

Deshalb soll in diesem Bildband nicht nur von Dominikus, sondern auch von den Dominikanern die Rede sein. Doch kann hier keine Ordensgeschichte dargestellt werden, die selbst in verkürzter Form die Absichten für einen Bildband sprengen müßte. Darum mögen und müssen einige „Dominikanische Porträts" genügen. Natürlich war die Auswahl dieser „Porträts" nicht zufällig, aber sie erhebt auch nicht den Anschein, repräsentativ zu sein. Es ging vielmehr darum, in diesen „Porträts" etwas von der Fülle und von der Pluralität des Geistes aufscheinen zu lassen, die der Predigerorden manifestiert.

Da diese Texte als eine Hinführung zum heiligen Dominikus und zu seinem Orden gedacht sind, können und sollen sie nur erste, knappe Eindrücke vermitteln.

Dieses Buch will und soll keine „Verherrlichung" des Dominikanerordens sein. Deshalb wurden auch seine „Schattenseiten", wie etwa die Inquisition, in Text und Bild nicht übergangen. Wenn sich dennoch der eine oder andere Leser des Textes manche Darstellungen und Passagen kritischer gewünscht hätte, so möge er es dem Autor nachsehen, daß er nicht diese Kritik in den Mittelpunkt seiner Ausführungen stellte, sondern die Liebe zu einem Orden, dessen Angehöriger er sein darf.

Anselm Hertz O. P.

Kindheit und Jugend in Kastilien

Wie so manche Heiligengeschichte des Mittelalters beginnt auch die des heiligen Dominikus mit einer Legende. Jordan von Sachsen, der Nachfolger des Dominikus im Amt des Ordensmeisters, schreibt in seinem „Büchlein über die Anfänge des Ordens": „Seiner Mutter wurde, ehe sie ihn empfing, in einer Vision gezeigt, daß sie einen kleinen Hund in ihrem Schoße trage. Der Hund hielt eine brennende Fackel in seinem Maul und schien mit dieser Fackel die ganze Erde zu entzünden, nachdem er ihren Leib verlassen hatte."

Wenige Seiten später berichtet Jordan von einer ähnlichen Vision der Mutter: „Ihr träumte, daß das Kind eine Mondsichel auf der Stirne trage", und Jordan fügte hinzu: „Dadurch wurde vorausgesagt, daß er (Dominikus) einst gesetzt werde als Licht der Heiden, die zu erleuchten, die in Dunkel und Todesschatten sitzen."

Beide Legenden entsprechen dem antik-mittelalterlichen Modell des Helden-Kindheitsschemas: Die späteren großen Taten künden sich bereits vor der Geburt oder in der Kindheit an. Besonders die Legende mit dem Hund und der Fackel hat die Geschichte des Ordens begleitet. Denn das naheliegende lateinische Wortspiel von den Domini canes, den Hunden des Herrn, und den Dominikanern ließ den Hund mit der brennenden Fackel zu einem Symbol des Ordens und dessen Mitglieder werden. Ordensmagister sowie Päpste und Kardinäle, die aus dem Dominikanerorden kamen, nahmen den Hund mit der Fackel in ihr Wappen auf; und wer eines der alten Dominikanerklöster besucht, wird fast immer eine Darstellung des Hundes entdecken. Denn die Maler und Bildhauer des Mittelalters griffen dieses nicht gerade alltägliche Motiv mit Freuden auf. Ähnlich erging es der Legende von der Mondsichel und ihrer Deutung durch Jordan von Sachsen. Das von ihm zitierte „Licht der Heiden" wurde als leuchtender Stern zu einem Attribut der künstlerischen Darstellung des heiligen Dominikus.

Die Historiker halten sich freilich eher an die Notiz bei Jordan, daß Dominikus in einem „Dorf mit Namen Caleruega" geboren wurde. Aus anderen früheren Quellen kennen wir die Bezeichnung Guzmán als seinen Familiennamen. Sein Vater war Félix Guzmán, seine Mutter Juana stammte aus dem Geschlecht der Aza. Beide Familien gehörten zum kastilischen Blutsadel und hatten ausgedehnten Grundbesitz in der näheren und weiteren Umgebung von Caleruega.

Der von Jordan als Dorf bezeichnete Ort hat bis auf den heutigen Tag seinen dörflichen Charakter bewahrt, auch wenn sich dort seit der Mitte des 13. Jahrhunderts ein Kloster der beschaulichen Dominikanerinnen befindet und später um den Torreón, den befestigten Turm, ein Dominikanerkloster erbaut worden ist. Denn Caleruega liegt abseits der großen Verkehrsstraßen auf der kastilischen Hochebene, von der es im Volksmunde heißt, daß dort neun Monate Winter herrsche und drei Monate „Hölle", das heißt ein trockener und heißer Sommer.

In dem Torreón wurde Dominikus im Jahre 1170 oder 1171 geboren. Von seiner Familie und seiner Kindheit wissen wir kaum etwas; nur daß er noch mehrere Brüder hatte, von denen sich einer dem Predigerorden anschloß. Die mittelalterliche Hagiographie interessierte sich nicht für entwicklungsgeschichtliche Fragen; und während wir heute geneigt sind, die Biographie eines Menschen von seinen Kindheitserlebnissen her zu analysieren, begnügte sich der

Die Farbbilder der folgenden sechs Seiten zeigen:

1 KREUZ, mit Zellenschmelz und Halbedelsteinen besetzt, vielleicht merowingisch. – Kirchenschatz der Benediktinerabtei Santo Domingo de Silos in Altkastilien, Spanien.

2 CALERUEGA in der Mitte des (modernen) Dominikanerklosters der Torreón von Caleruega. Überrest einer Wehranlage aus der Zeit der Reconquista. Hier residierte Félix de Guzmán, der Vater von Dominikus.

3 WAPPEN DER FAMILIEN GUZMÁN UND AZA. Die Mutter, Beata Juana de Aza, hatte das einfachere Wappen – das Kreuz mit Lilien auf den Spitzen. Das angefülltere Wappen der Guzmán zeigt Wasserkessel, aus denen Schlangen kommen, Lilienkreuze und auf dem Wappenrand abwechselnd den Löwen von León und den Turm Kastiliens.

4 KLOSTER SANTO DOMINGO DE SILOS, romanischer Kreuzgang (um 1150). 18 km von Caleruega entfernt, jenseits einer Gebirgskette, liegt die Benediktinerabtei Santo Domingo de Silos. Hierhin machte Beata Juana de Aza eine Wallfahrt und betete um die Geburt eines Kindes. Ihr Gebet wurde erfüllt, der Neugeborene wurde nach dem Namenspatron des Klosters Domingo = Dominikus getauft (vgl. Nr. 48).

5 ROMANISCHE MADONNA in Santo Domingo de Silos. Vielleicht betete die Mutter des Dominikus vor dieser Statue.

6 VISION DER MUTTER DES DOMINIKUS, die einen Hund mit einer Fackel im Maul sieht. Szene aus einem Triptychon (1344) von Francesco Traini, das Dominikus und auf den Flügeln acht Szenen seines Lebens zeigt. – Pisa, Museo S. Matteo.

Die Farbbilder der vorigen sechs Seiten zeigen:

7 Dominikus verkauft in Palencia seine Studienbücher und gibt den Erlös den Armen. Detail aus einem Tafelbild, Ende des 13. Jh., mit einem ganzfigurigen Bild des Dominikus und zwölf Szenen seines Lebens. – Neapel, Museo Capodimonte.

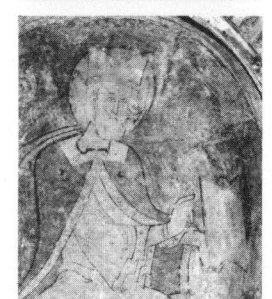

8 Der hl. Augustinus. Fresko (12. Jh.) in St-Sernin in Toulouse.

9 Der junge Dominikus (junger Dominikaner). Steinfigur. – Rom, S. Sabina, Konvent der Dominikaner.

10 Blick auf die Kathedrale von El Burgo di Osma. Im 15. Jh. wurde die ursprünglich romanische Anlage im gotischen Stil umgebaut. Dominikus trat hier als Augustinerchorherr ein.

11 Der Kapitelsaal im Augustinerchorherrenstift der Kathedrale von Osma, so wie ihn Dominikus gesehen hat, mit dem Grabmal des hl. Pedro, Bischofs von Osma (12./13. Jh.). (Vgl. Nr. 14)

12 Dominikus meditierend. Detail eines Zellenfreskos (um 1436 bis 1443) von Fra Angelico im Kloster S. Marco, Florenz.

mittelalterliche Schreiber mit einigen Legenden, die aufweisen sollen, daß der zukünftige „Held" schon als Kind sich wie ein Held benahm. Der Effekt beider Methoden ist übrigens der gleiche.

Immerhin wissen wir aus frühen Quellen, daß Dominikus mit etwa fünf Jahren einem Onkel zur Erziehung übergeben wurde, der Erzpriester war. Offensichtlich hatte ihn die Familie für den Klerikerstand bestimmt. Diese Berufsbestimmung war damals ebenso selbstverständlich wie heute etwa der Beruf eines Arztes oder eines Anwalts, zumal Kastilien Ende des 12. Jahrhunderts dringend Priester und Mönche benötigte. Denn die Region nördlich des Duero war im Laufe der vorangegangenen Jahrhunderte mehrmals unter islamische Herrschaft geraten und erst zu Beginn des 12. Jahrhunderts endgültig von den Grafen von Kastilien zurückerobert worden. Die Neubesiedlung des Landes, dessen Bevölkerung zum Teil geflüchtet war, lief mit der Errichtung militärischer Stützpunkte parallel, und zu dieser Neubesiedlung gehörte auch die Wiedererrichtung von Klöstern, die zugleich Schutzburgen und kulturelle Zentren bildeten. Ein solcher Mittelpunkt war auch die Abtei von Silos, etwa vierzig Kilometer nordöstlich von Caleruega zwischen schützenden Bergen gelegen. Der heilige Abt Dominikus begann mit dem Bau einer weitläufigen Klosteranlage im romanischen Stil, die zu den schönsten romanischen Abteien Spaniens gehört. Auch andere, im Verlauf der islamischen Besetzung aufgegebene Klöster wurden wiedererrichtet, und der Nachwuchs für diese Klöster bestand vorwiegend aus den Söhnen des heimischen Adels. Die Befreiung vom Islam, die Neubesiedlung der befreiten Gebiete sowie die religiöse Neuordnung schufen eine Lebenspraxis, in der sich alle Lebensinteressen – ökonomische, militärische, kulturelle und religiöse – zu einer Einheit verbanden und zu deren Träger der heimische Adel wurde.

In dieser Umwelt wuchs Dominikus auf, und diese Umwelt hat ihn ganz gewiß in einigen Charakterzügen und Verhaltensweisen mitgeprägt: die Sicherheit seines Auftretens gegenüber Fürsten, Kardinälen und Päpsten, auch wenn er im geflickten Habit und in Sandalen vor ihnen stand; seine selbstverständliche Autorität gegenüber seinen Mitbrüdern, eine Autorität, die es niemals nötig hatte, sich aus Unsicherheit autoritär zu geben; und nicht zuletzt die herbe Art seiner Frömmigkeit, die jede äußere Selbstdarstellung vermied.

Bei seinem Onkel lernte Dominikus nicht nur Lesen, Schreiben und Rechnen, sondern auch Latein als Sprache der Kirche und der damaligen „akademischen Welt". Mit etwa vierzehn Jahren wurde er nach Palencia geschickt. Diese Stadt bildete damals das kulturelle und wissenschaftliche Zentrum Kastiliens und war besonders wegen ihres Unterrichts in den artes liberales, den klassischen „freien Künsten", bekannt. Hier studierte Dominikus das Trivium: Grammatik, Dialektik und Rhetorik, und anschließend das sogenannte Quadrivium: Arithmetik, Musik, Geometrie und Astronomie, aber auch Logik, Philosophie und Geschichte, denn die einstmals klassische Aufteilung wurde durch andere Disziplinen ergänzt.

Für dieses Studium waren eigentlich sieben Jahre vorgesehen, aber Jordan bemerkt in seiner Schrift: „Als er (Dominikus) glaubte, genügend gelernt zu haben, gab er seine Studien auf, wie wenn er fürchtete, die ihm auf Erden gegebene Zeit mit allzuwenig Nutzen an sie zu verschwenden", und fügt hinzu: „Er eilte zum Studium der Theologie und begann leidenschaftlich das Wort Gottes aufzunehmen." Aber auch in der Theologie erwarb er nicht den Magistergrad und die damit verbundene Lehrbefugnis. Offensichtlich dachte er weder an eine Laufbahn als Theologieprofessor noch an eine Funktion in einem Domkapitel, für die ein zusätzliches juristisches Studium empfehlenswert war. Jordan bemerkte im Rückblick auf das Leben des heiligen Dominikus, daß es für ihn wichtiger gewesen sei, „Gehörtes in die Tat umzusetzen". Andererseits muß Dominikus ein aufmerksamer und eifriger Student gewesen sein, denn er lernte nicht nur leicht, was seine Biographen immer wieder hervorheben, sondern bemühte sich, Teile der Heiligen Schrift auswendig zu lernen, und legte damit die Basis für seine spätere Predigttätigkeit.

Doch Jordan und die ihm folgenden Biographen interessierten sich vor allem für ein ganz bestimmtes Ereignis aus seinen Studienjahren. Jordan berichtet: „Zur Zeit, da er in Palencia lebte, brach in ganz Spanien eine große Hungersnot aus. Da wurde er von der Not der Armen gerührt, und im Gefühle seines Mitleids beschloß er, durch eine einzige Tat die evangelischen Räte zu befolgen und zugleich die Not der Armen, die vor Hunger umkamen, zu lindern. So verkaufte er alle seine Bücher, die er eigentlich notwendig brauchte, zusammen mit seiner Habe und brachte so ein Almosen auf, das er verteilte und den Armen gab." Und nach der Aussage des Bruders Stephan im Heiligsprechungsprozeß soll er diese Tat mit den Worten begründet haben: „Ich will nicht tote Häute zum Studium benutzen, wenn lebendige Menschen vor Hunger sterben."

Sicherlich, es hat vor und nach Dominikus viele Menschen gegeben, Christen und Nichtchristen, die in ähnlichen Situationen ähnlich gehandelt haben und handeln. Oft waren und sind es junge Menschen, nicht älter, als Dominikus damals war. Der eingefleischte Skeptiker mag sich zu Recht fragen, ob solche Einzelaktionen wirklich helfen konnten und können, um eine Hungersnot, unter der Tausende oder auch Millionen von Menschen zu leiden haben, zu beheben. Immerhin, Dominikus setzte ein Zeichen. Denn Jordan fügt abschließend an diesen Bericht hinzu: „Dieses Beispiel der Großmut rührte das Herz der übrigen Theologen und Magistri so sehr, daß sie angesichts der Großmut des jungen Mannes ihre Feigheit und ihren Geiz erkannten und nun ihrerseits darangingen, reichlich Hilfe zu leisten." Es ist diese Fähigkeit, Zeichen zu setzen, das Gute in Gang zu bringen und durchzuhalten, die zu einem entscheidenden Charakterzug im Leben des heiligen Dominikus werden sollte.

Als Kanoniker in Osma

Die Hilfsaktion von Palencia hatte aber noch einen anderen Effekt, der Dominikus selbst betraf. Diego, der Prior des Domkapitels von Osma, wurde auf ihn aufmerksam und bot ihm im Namen des Bischofs von Osma an, Mitglied des dortigen Domkapitels zu werden. Zwar lag ein Großteil der Besitzungen der Familien Guzmán und Aza im Bereich dieser Diözese, aber Herkunft und Besitz waren für dieses Angebot sicherlich nicht so ausschlaggebend, denn der Bischof und sein Prior wollten nur solche Kleriker in das Domkapitel aufnehmen, die bereit waren, die angestrebte Reform des Kapitels mitzutragen. Zwar hatten schon frühere Bischöfe das Kapitel reformiert und die Kanoniker auf die Regel des heiligen Augustinus verpflichtet, aber die Reformversuche waren nach anfänglichen Erfolgen wieder im Sande verlaufen.

Das Hauptproblem bestand offensichtlich in der Vorschrift zu einem gemeinsamen Leben und in der Forderung nach Verzicht auf Privateigentum. Da die Kanoniker in der Mehrzahl aus dem Adel stammten, der eng mit dem Besitzstand an Ländereien verbunden war, mußte ihnen dieser Verzicht besonders schwerfallen. Und weil in anderen Domkapiteln die vita privata und das Privateigentum geduldet wurden, war nicht einzusehen, warum es ausgerechnet in Osma anders gehandhabt werden sollte. So wurden auf Druck der mächtigen Barone Adlige zu Kanonikern ernannt, die ihren eigenen Haushalt führten und ihren Anteil an der Kirchenpfründe als Privateigentum betrachteten, über das sie testamentarisch frei verfügen konnten. Denn dieses Problem des Privateigentums hatte auch einen pragmatisch-ökonomischen Aspekt, weil durch solche Testamente der Kirchenbesitz zerstückelt und gelegentlich an Verwandte des Erblassers überging. Da aber der Bischof und das Kapitel aus dem kirchlichen Besitz lebten und der Bau und die Erhaltung diözesaneigener Kirchen, Hospitäler und Hospize aus diesem Besitz mitfinanziert wurden, mußten die jeweiligen Bischöfe auch aus ökonomischen Gründen gegen den Anspruch ihrer Kanoniker auf Privateigentum vorgehen, um ihre Diözesen finanziell erhalten zu können. Und auch deshalb war der Kapitelsprior Diego de Acebes auf der ständigen Suche nach Klerikern für sein Kapitel, die bereit waren, die Vorschriften der Augustinusregel zu befolgen. Ein Theologiestudent, der seine persönliche Habe und seine Bücher verkaufte, um das Geld an die Hungernden zu verteilen, war gewiß für die Reform des Domkapitels geeigneter als ein noch so hochgestellter kirchlicher Würdenträger, der sich seinen Anteil an den Kirchengütern zuschreiben ließ, ohne sich zum Verzicht auf Privateigentum bereit zu finden.

Was die Vorschrift zum gemeinsamen Leben betrifft, so bestand ihr Sinn darin, spirituelles Modell als Nachahmung des gemeinsamen Lebens Jesu mit seinen Aposteln zu sein. Kanoniker, die einen privaten Haushalt führten, paßten nicht in diese Sinngebung. Besonders M-H. Vicaire hat in seiner umfangreichen Biographie über den heiligen Dominikus die kontemplative Lebensform der Regulierten Chorherren hervorgehoben. Sie war oft kontemplativer als die der Mönche in den Abteien, die neben vielfachen Arbeiten in der Landwirtschaft und an Schulen auch pfarrliche Aufgaben übernahmen. Das von den Kanonikern täglich gefeierte Amt, das gemeinsame Stundengebet, Meditation und geistliche Lesung auf der Zelle steckten einen Rahmen ab, in dem sich eine kontemplative Lebenspraxis entfaltete, von der der junge Dominikus geprägt wurde, die er zeit seines Lebens beibehielt und zur Basis des religiösen Lebens für die Gründung des Predigerordens machte.

Er mochte 23 oder 24 Jahre alt gewesen sein, als er die weiße Tunika und den schwarzen Mantel der Regulierten Chorherren des heiligen Augustinus empfing; eine Gewandung, die in vereinfachter Form zum Habit der Dominikaner wurde. Nach einem Probejahr legte er seine Profeß ab, um anschließend zum Priester geweiht zu werden. Wir sind über sein Leben und seine Tätigkeiten im Kapitel von Osma relativ gut unterrichtet; bis hin zu seiner bevorzugten Lektüre, den „Unterweisungen der Kirchenväter" des italienischen Mönches Cassianus. Dieses Buch über das Leben der afrikanischen Eremiten aus der Väterzeit diente Generationen mittelalterlicher Mönche und Chorherren als Modell für das eigene geistliche Leben. Das galt auch für Dominikus, und Jordan von Sachsen schreibt: „Mit Hilfe der Gnade führte ihn dieses kleine Buch zu einem nur schwer zu erreichenden Grad der Gewissensreinheit, zu großer Erleuchtung in der Kontemplation und zu einem hohen Grad der Vollkommenheit."

Offensichtlich wirkte Dominikus auch gelegentlich als Prediger in der Domkirche von Osma, war deren Sakristan und wurde schließlich im Jahre 1201 im Alter von 28 bis 30 Jahren Subprior der Kapitelsgemeinschaft. Man wählte und wählt gerne junge und befähigte Mitglieder einer Kommunität auf diesen Posten; einerseits, weil sie mit ihrer Dynamik der Gemeinschaft neue Anstöße geben können, aber auch deshalb, um sie zu testen, ob und wie sie sich in einer leitenden Funktion bewähren. Bei der Wahl des heiligen Dominikus für dieses Amt mochte auch der Prior Diego seinen Einfluß geltend gemacht haben. Denn Dominikus war nicht nur seine „Entdeckung"; beide Männer, den älteren und den jüngeren, verband sehr bald eine Freundschaft, die im gemeinsamen Bemühen um die Verwirklichung der Reform des Kapitels grundgelegt war. Im Dezember des Jahres 1201 wurde dann Diego zum Bischof von Osma gewählt. Dominikus war für das Amt eines Priors sicherlich noch zu jung; aber ohne in unsinnige Spekulationen zu verfallen, kann man sagen, daß ihm dieses Amt in einigen Jahren zugefallen wäre und später vielleicht auch das eines Bischofs von Osma. Daß schließlich alles ganz anders verlaufen sollte, konnten damals weder Diego noch Dominikus vorhersehen.

Als Prediger in Südfrankreich

Den äußeren Anlaß zu einer tiefgreifenden Veränderung in der Lebenskonstellation des heiligen Dominikus bildeten zwei Reisen nach Dänemark, die er als Begleiter des Bischofs Diego unternahm. Es ging um eine geplante Ehe zwischen dem kastilischen Thronfolger und einer Verwandten des dänischen Königs, und Bischof Diego sollte diese Eheschließung vermitteln. Sie kam zwar nicht zustande; doch die Reisen in den Jahren 1203 und 1205 führten bei beiden Männern einen Umbruch herbei, der ihre Zukunft bestimmen sollte.

Diego bat während einer Audienz bei Papst Innozenz III. um die Erlaubnis, sein Bischofsamt aufgeben zu dürfen, denn er wolle als Missionar zu den Kumanen gehen, einem noch heidnischen Volksstamm im Osten Ungarns. Dominikus kannte nicht nur den Plan seines Freundes, sondern hatte die gleiche Absicht, von der er noch später in den Jahren 1219 und kurz vor seinem Tode im Jahre 1221 sprach. Auf der gleichen Linie lag sein Wunsch, im Gebiet der heidnischen Preußen und in Skandinavien zu missionieren. Dieser Missionsdrang war im Hochmittelalter weit verbreitet und entsprach den Rückeroberungsversuchen ehemals christlicher Gebiete im Mittelmeerraum, wie sie in den Kreuzzügen und in der Reconquista Spaniens zum Ausdruck kommen. Aber die Missionierungsintention war stärker als die Kreuzzugsidee mit der Vorstellung christlicher Vollkommenheit verbunden; sowohl als unmittelbare Nachfolge der Apostel wie auch in der Erwartung eines sehr wahrscheinlichen Martyriums. Die Bereitschaft, das eigene Leben hinzugeben, kam auch in der Gründung von Orden zum Ausdruck, deren Mitglieder sich verpflichteten, freiwillig, im Austausch für einen gefangenen Christen, selber in die sarazenische Gefangenschaft zu gehen.

Aber der Papst wollte und konnte Diego für die Mission nicht freigeben, denn die Diözese benötigte einen engagierten Bischof, und Innozenz war ein viel zu kluger Realpolitiker, um ein realisierbares Nahziel für ein vages Fernziel einzutauschen, dessen Erfolg völlig ungewiß bleiben mußte. So schickte er Diego in seine Diözese nach Osma zurück. Freilich konnte der Papst nicht verhindern, daß sich Diego und Dominikus um ein anderes Problem kümmerten, nämlich um die prekäre Situation der Kirche in Südfrankreich. Bereits auf ihrer ersten Reise nach Dänemark waren sie mit der religiösen Bewegung der Katharer in Berührung gekommen, die sich in den vergangen Jahrzehnten rasch über weite Teile Südfrankreichs und Oberitaliens ausgebreitet hatte und sogar nach Flandern und in das Rheinland übergriff.

Jordan berichtet von einem Disput zwischen Dominikus und dem Wirt ihrer Herberge in Toulouse, der ein überzeugter Katharer war: Dominikus „verhandelte mit dem irrgläubigen Wirt des Hauses in einer langen und überzeugenden Unterredung voll Kraft und Glut, bis der Häretiker der Weisheit und dem Geiste, der zu ihm sprach, nicht länger widerstehen konnte“. Dominikus ahnte damals noch nicht, daß solche Dispute zu seiner Lebensaufgabe werden sollten.

Sie wurde es, als Diego und Dominikus auf ihrer Rückreise im Juni 1206 in Montpellier mit den drei päpstlichen Legaten zusammentrafen, die von Innozenz mit der Bekämpfung der Katharer- und der Waldenserbewegung beauftragt waren. Diese Begegnung sollte für alle Beteiligten folgenreich werden.

Über die religiöse Bewegung der Katharer ist viel geschrieben und diskutiert worden, zumal es schwierig ist, ihre verschiedenen Ursprünge und ihre Varianten zu erfassen. Deshalb sollen hier nur einige Stichworte angegeben werden, die verständlich machen können, warum die Religion der Katharer unter dem Aspekt des kirchlichen Glaubens als eine Häresie angesehen wurde und wird. Das Weltbild der Katharer ist dualistisch, weil es von einer guten und einer schlechten Schöpfung ausgeht, die sich im Gegensatz von Fleisch und Geist, von Welt und Seele manifestiert. Dieser Gegensatz wurde auch auf die Bibel appliziert: Der gute Gott ist jener der Evangelien, der schlechte Gott jener des Alten Testaments. Und wie so viele dualistische Religionen ist auch die der Katharer in der Lebenspraxis von der Gnosis beeinflußt, denn es gibt in ihr Stufen der Erkenntnis und der Vollkommenheit, die durch Zäsuren voneinander geschieden sind. In verschiedenen Gruppen war auch der Glaube an die Seelenwanderung in der Form der Wiedergeburt verbreitet. Um endgültig von der Macht des Bösen, der Welt befreit werden zu können, mußten die Gläubigen auf fast alle irdischen Bedürfnisse verzichten; angefangen vom Fleischgenuß über die Enthaltsamkeit im Sexualbereich bis zum Verzicht auf Privateigentum. Es war dann gerade diese Askese der Lebenspraxis, die auf die Bevölkerung Eindruck machte. Auch wenn die Zahl der „Reinen“, der „Vollkommenen“, die zu den höchsten Stufen der „Erkenntnis“ gelangten, klein sein mochte, die Zahl der Anhänger und Sympathisanten wuchs beständig. Eine besondere Rolle spielte in der geistlichen Praxis das consolamentum, die Spendung des Heiligen Geistes durch Handauflegung, mit der die Versicherung verbunden war, sofort nach dem Tode die ewige Seligkeit zu erlangen. Zwar war dieses consolamentum ursprünglich den „Vollkommenen" vorbehalten, aber im Laufe der Zeit war die Praxis aufgekommen, diesen Ritus auch einfachen Gläubigen im Falle ihres bevorstehenden Todes zukommen zu lassen. Es gab daher Adlige und reiche Bürger, die stets einen „Vollkommenen" in ihrem Gefolge oder Haushalt hatten, der ihnen im Falle ihres Todes dieses consolamentum spenden konnte. Die Situation ähnelte ein wenig derjenigen zur Zeit des Kaisers Konstantin, als viele Taufanwärter die Taufe erst auf ihrem Sterbebett empfingen.

Die nach dem Lyoner Kaufmann Petrus Waldes benannte Waldenserbewegung war „dogmatisch" unkomplizierter und in ihren Anfängen mit ihrer Betonung der apostolischen Armut ganz auf die Lebenspraxis ausgerichtet. Erst als die Waldenser diese apostolische Armut zu predigen begannen, gerieten sie mit den kirchlichen Behörden in Konflikt, und Waldes wurde auf der Synode von Verona im Jahre 1184 exkommuniziert. Es entstand ein freies Prädikantenwesen, das auf jede Bindung an die kirchliche Hierarchie verzichtete und auch die Unterscheidung zwischen Klerikern und Laien aufhob. Maßgebliches Kriterium für das Predigtamt war nicht mehr die Weihe, sondern das apostolische Bewußtsein und das Leben in der apostolischen Armut. Die Prediger durften keinerlei persönlichen Besitz haben und sollten von Almosen leben. Aber auch bei ihnen entwickelte sich – wie konnte es anders sein – eine Art von Organisation. Man unterschied zwischen Prädikanten, den Waldensern im eigentlichen Sinne, die zur apostolischen Armut verpflichtet waren, und den Gläubigen, die zu den Predigern in einer Schüler-Lehrer-Beziehung standen.

Gerade diese Armutsbezeugung bei den Waldensern und bei den Katharern führte zu einer so raschen und um sich greifenden Wirkung in der Bevölkerung, die das Auftreten dieser Gruppen mit dem Verhalten des Klerus und vor allem der hohen kirchlichen Würdenträger verglich. Der südfranzösische Klerus war sicherlich nicht besser oder schlechter als der in anderen Teilen des Landes, aber er bekam den Vergleich zu spüren und wurde einer zunehmenden Kritik ausgesetzt. Hinzu kam der Umstand, daß der südfranzösische Kleinadel nicht so wohlhabend war wie die reichen Abteien und den Besitz durch ständige Erbteilungen noch verzettelte, so daß auch unter den Landbesitzern das ökonomische Gleichgewicht verlorenging. Unter diesen Adligen gab es Familien, die zu Beginn des 13. Jahrhunderts bereits in der zweiten oder dritten Generation Katharer waren. Sie ließen ihre Töchter in Schulen unterrichten, die von Katharern geleitet wurden, ihre unverheirateten Verwandten lebten in Katharerklöstern, und dort ging es strenger und asketischer zu als in manchen kirchlichen Frauenklöstern.

Die kirchlichen Reaktionen auf das Anwachsen der Katharer- und Waldenserbewegung beschränkten sich zunächst auf rechtliche Maßnahmen, die aber, wenn überhaupt, nur in jenen Diözesen Erfolg hatten, in denen die Katharer und Waldenser eine Minderheit bildeten. Dort wurden sie in den „Untergrund" abgedrängt. Aber in jenen Gebieten, in denen sie eine zahlenmäßig große Anhängerschaft besaßen, wie etwa in der Diözese von Albi, wären kirchenrechtliche Maßnahmen wirkungslos geblieben. Albi war eine Hochburg der Katharer, und wie M.-H. Vicaire aufgewiesen hat, konnte es der Bischof gar nicht wagen, gegen die Katharer vorzugehen, da sich einige Mitglieder seiner Familie öffentlich zu dieser Bewegung bekannten. Er vermied jede Auseinandersetzung mit ihnen, und in seinen Berichten an den Papst nach Rom

Die Farbbilder der folgenden sechs Seiten zeigen:

13 PAPST INNOZENZ III. Detail des Freskos „Innozenz bestätigt die Regel des Franziskus". Giottoschule, Oberkirche Assisi.

14 EIN KANONIKER AUF REISEN. Detail vom Sarkophag des hl. Pedro (vgl. Nr. 11). Ähnlich zog Dominikus mit seinem Bischof Diego nach Frankreich.

15 BLICK AUF DIE EBENE VON PROUILLE unweit von Carcassonne. Hier richteten Dominikus und seine Mitkämpfer gegen die Katharer ein Haus für die Glaubensunterweisung von Frauen und Mädchen ein, aus dem ein noch heute bestehendes Dominikanerinnenkloster erwuchs.

16 DIE FESTUNGSSTADT CARCASSONNE war ein Stützpunkt der Katharerbewegung.

17 IN FANJEAUX FAND EIN SCHIEDSGERICHT STATT, das entscheiden sollte, ob die katharischen Schriften oder die von Dominikus verfaßten Schriften die Wahrheit enthielten. Während die Bücher der Katharer verbrannten, sprang das Buch des Dominikus unversehrt aus den Flammen. – Tafelbild von F. Traini (vgl. Nr. 6).

18 DOMINIKUS DISPUTIERT MIT DEN HÄRETIKERN, wobei er die Argumente an den Fingern abzählt. – Fresko von Andrea da Firenze (1366/68) in der Spanischen Kapelle von Santa Maria Novella in Florenz.

Die Farbbilder der vorigen sechs Seiten zeigen:

19   DIE KATHEDRALE ST-SERNIN in Toulouse war zur Zeit des Dominikus die Kirche eines Regulierten Chorherrenstiftes.

20   MARIA ÜBERREICHT DOMINIKUS DAS SKAPULIER. Detail vom Rahmen eines Verkündigungsbildes des Fra Angelico (um 1433). – Cortona, Museo Diocesano.

21   DOMINIKUS BETET VOR DEM KRUZIFIX. Tafelgemälde 1. Hälfte des 15. Jh. – Rom, Vatikanische Museen.

22   DIE BELAGERUNG VON TOULOUSE, einem Zentrum der Katharer-Bewegung. Steinrelief in der Kathedrale von Carcassonne. In der Mitte die Garonne, rechts unten eine Steinschleuder, wie sie Simon de Montfort 1218 tötete, als er die Stadt nach einem Aufstand zurückeroberte.

23   GRABPLATTE DES GRAFEN SIMON IV. DE MONTFORT (um 1150-1218) in der Kathedrale von Carcassonne. Montfort ruhte nur kurze Zeit in Carcassonne. Seine Familie holte bald den Leichnam auf den Stammsitz der Familie im Norden Frankreichs zurück.

24   DIE BURG MONTSEGUR, 1200 m über dem Meer, im Departement Ariège, war das Hauptquartier und wichtigste Zuflucht der Katharer, die hier ihr Archiv und einen angeblich bedeutenden Schatz aufbewahrten. Die Eroberung der Burg im März 1244 bedeutet das militärische Ende der Katharer-Bewegung. Mehr denn 200 Katharer wurden lebendig verbrannt. Die Legende machte den Montsegur zum Symbol des Schicksals der Katharer, eine Legende, die bis heute nachwirkt. Der Gralsmythos wurde mit dem verschwundenen Schatz der Katharer in Verbindung gebracht. Nach diesem Schatz wird noch immer gesucht.

wurde nicht einmal deren Existenz erwähnt. Andere Bischöfe, die es unternahmen, die Lehre der Katharer öffentlich zu bekämpfen, wurden entweder vom Adel, wie zum Beispiel vom Grafen Raimund von Toulouse, oder von den aufgebrachten Bürgern einfach vertrieben oder sogar ermordet.

Als Innozenz III. 1198 im Alter von 37 Jahren Papst wurde, ernannte er sofort Legaten zur Bekämpfung der Katharer und Waldenser und wandte in einem Dekret des Jahres 1199 das alte Gesetz der Majestätsbeleidigung auf sie an. Damit wurde ihre Bekämpfung zu einer „politischen Staatsaktion". Aber weder die ersten beiden noch die später ernannten Legaten hatten irgendwelche Erfolge zu verzeichnen und baten daher um ihre Entlassung. Etwas besser erging es den beiden im Jahre 1203 ernannten Legaten, den Zisterziensermönchen Peter von Castelnau und Raoul, die beide aus Südfrankreich stammten und die Situation aus eigener Anschauung kannten. Sie erlangten immerhin die Zusage einiger Feudalherren, die Gewalttaten gegen kirchliche Einrichtungen in Zukunft zu unterbinden, und der Magistrat von Toulouse leistete einen Treueid gegenüber der Kirche. Aber als die Legaten die Vertreibung der Häretiker aus der Stadt verlangten, stießen sie auf den Widerstand der Bürger. Ähnlich erging es ihnen bei Verhandlungen mit dem Erzbischof von Narbonne, der sich auch durch eine über ihn verhängte Zensur nicht zum Kampf gegen die Häresie zwingen ließ, sondern im Gegenteil Beschwerde über das Verhalten der Legaten in Rom einlegte, da diese ihre Kompetenzen überschritten hätten. Innozenz ernannte im Jahre 1204 den Abt Arnold von Cîteaux zum dritten Legaten und stattete alle Legaten mit erweiterten Vollmachten aus, die diese auch sogleich anwandten.

Doch mit kirchenrechtlichen Maßnahmen war das Hauptproblem, nämlich die Rückgewinnung der von der Kirche abgefallenen Bevölkerung, nicht zu lösen. Innozenz war sich dieser Situation durchaus bewußt und betonte in seinen Schreiben an die Legaten immer wieder die Notwendigkeit, direkt auf die Bevölkerung einzuwirken. Schließlich griff er auf einen Plan zurück, den schon der heilige Bernhard von Clairvaux entwickelt hatte: nämlich die Häresie durch die Predigt zu bekämpfen. Der Papst forderte daher die Legaten auf, Zisterziensermönche als Prediger in die Languedoc zu entsenden. Nur scheint es, daß die Legaten mit diesem zusätzlichen Auftrag überfordert waren. Sie bemühten sich zwar, Mitbrüder aus ihrem Orden für die Predigt zu gewinnen, und predigten sogar verschiedentlich selbst zum Volke. Aber schon ihr Auftreten als päpstliche Legaten, hoch zu Roß und von einem dienenden Troß umgeben, setzte sie der Kritik und dem Gespött der Masse aus, die sofort dieses Auftreten mit dem der Katharer- und der Waldenserprädikanten verglich.

Innozenz hatte auch dieses Dilemma klar erkannt, als er den Legaten schrieb: „Wir wollen und ersuchen Euch, so vorzugehen, daß die Einfachheit Eurer Haltung allen sichtbar werde, den Unwissenden und den Unvernünftigen den Mund stopfe und daß in Eurem Tun und Reden nichts zutage trete, das ein Häretiker kritisieren könnte." Aber die Legaten mußten gegenüber den Feudalherren und Bischöfen durchaus als Gesandte des Papstes auftreten und waren wahrscheinlich auch menschlich überfordert, von der Rolle des Legaten in die eines schlichten Verkünders des Gotteswortes zu wechseln.

So sah die religiöse Situation in Südfrankreich aus, als die Legaten, die mit anderen Zisterzienseräbten in Montpellier einen Gerichtstag abhielten, auf Bischof Diego und Dominikus trafen. In der dominikanischen Tradition wird diese Begegnung im Juni des Jahres 1206 als die eigentliche „Geburtsstunde" des Predigerordens bezeichnet. Das ist sicherlich nicht übertrieben, auch wenn die literarische Ausmalung dieser Begegnung aus einer eher glorifizierenden Rückschau erfolgte. Die Quintessenz der sicherlich ausführlichen Diskussion zwischen den Legaten, Bischof Diego und Dominikus über die Möglichkeiten einer Rückgewinnung der Bevölkerung zum kirchlichen Glauben drückt Jordan von Sachsen in einem Satze aus, den er Diego von Osma in den Mund legt: „Es scheint mir unmöglich, diese Leute durch bloße Worte zum Glauben zurückzuführen, da sich diese Menschen lieber auf gute Beispiele stützen." Das hieß konkret: Die Predigt kann nur dann wirksam sein, wenn die Prediger das leben, was sie verkünden. Man mag die Lehre der Katharer als ein Gemisch aus verschiedenartigen Kosmogonien und gnostischer Spekulation abqualifizieren, aber die Lebenspraxis der „Vollkommenen" war subjektiv glaubwürdig. Und gleiches galt vom Auftreten der Waldenser.

Jordan machte diesen Zusammenhang zwischen Predigt und Lebenspraxis deutlich. wenn er darauf verzichtet, Diego eine langatmige Rede über die apostolische Armut entwickeln zu lassen, sondern ihn sofort den ersten Schritt dazu tun läßt. Jordan schreibt: „Er (Diego) antwortete ihnen (den Legaten): ,Tuet, was ihr mich tun seht!' Sogleich kam über ihn der Geist des Herrn. Er rief die Seinen zusammen und schickte sie nach Osma zurück mitsamt den Pferdegespannen, der Ausrüstung und der verschiedenen Gerätschaft, die er mit sich geführt hatte . . ." Nur einige Kleriker und vor allem Dominikus blieben bei Diego zurück. Die Legaten und die anwesenden Zisterzienseräbte taten das gleiche. Dann zog die Gruppe unter der Leitung Diegos zu Fuß in das Gebiet der Katharer und Waldenser, um dort zu predigen.

Nicht nur die Historiker haben sich über die Spontaneität dieser Aktion gewundert und deshalb die Hypothese aufgestellt, daß Diego zumindest indirekt und allgemein das Einverständnis des Papstes gehabt habe, nach neuen Wegen für die Rückgewinnung der Bevölkerung zu suchen. Wie dem aber auch gewesen sein mag, der Papst gab schriftlich sein Einverständnis und ermunterte die Prediger. Wahrscheinlich dachten auch alle Teilnehmer zunächst, daß es sich bei dieser Predigtmission um eine einmalige und befristete Aktion handelte. Die Legaten konnten schließlich nicht monatelang zu Fuß durch die Dörfer Südfrankreichs wandern, und auch Diego mußte in seine Diözese zurückkehren. Deshalb war auch Arnold von Cîteaux abgesandt worden, um weitere Zisterzienseräbte für diese Predigtaufgabe zu gewinnen.

Wir wissen nicht, welche konkreten Vorstellungen und Erwartungen die Gruppe von ihrer Predigttätigkeit hatte. Wahrscheinlich wußten es die Teilnehmer selber nicht, denn das Unternehmen war zu ungewöhnlich, und es gab keine Erfahrungen, auf die man sich hätte stützen können; es seien denn die negativen, die die Legaten bei ihren Versuchen gemacht hatten. Die Aufnahme in den verschiedenen Orten war zudem sehr unterschiedlich, und da es sich um das Gebiet der Katharer handelte, nicht gerade freundlich. Besonderen Zulauf hatten sogenannte Religionsgespräche, das heißt theologische Dispute mit führenden Katharern. In Servian diskutierte man über eine Woche lang, und in Béziers ging der Disput über zwei Wochen. An anderen Orten dagegen stand die Predigt im Mittelpunkt. Über die Wirkung dieser Disputationen und Predigten bei der Bevölkerung läßt sich kaum Konkretes sagen. Massenbekehrungen, die wohl auch schwerlich erwartet werden konnten, kamen nicht vor. Aber es war sicherlich schon einiges gewonnen, wenn dieselben Bürger, die die Legaten bei deren Ankunft reserviert oder feindselig empfangen hatten, ihnen beim Abschied ein freundliches Geleit gaben. Es war einfach unmöglich, in so kurzer Zeit jene Kluft zu überbrücken, die ein über Jahrzehnte andauernder Kampf aufgerissen hatte, der von beiden Seiten mit Erbitterung, Haß und Gewaltanwendung geführt worden war.

In den Berichten über die Predigtmission der Gruppe werden die Namen Diegos und Raouls häufig erwähnt, aber kaum Dominikus. Das ist nicht weiter verwunderlich. Er war der Jüngste und stand als Begleiter seines Bischofs in dessen Schatten. Aber der Bericht über das Buchwunder von Fanjeaux erwähnt Schriften des Dominikus zur Verteidigung des kirchlichen Glaubens, die vor allen anderen ausgewählt wurden, um zusammen mit ebenfalls ausgewählten Schriften der Katharer einem Schiedsgericht vorgelegt zu werden. Der Glaube derjenigen Partei, deren Schrift von diesen Schiedsrichtern als der vernünftigere erklärt würde, sollte als der bessere gelten. Da die Schiedsrichter – aus welchem Grund auch immer – sich nicht für eine der beiden Schriften entscheiden konnten, beschloß man, die Feuerprobe zu machen. Eine solche Feuerprobe wurde als eine Art Gottesurteil in Streitfällen angesehen, in denen Aussage gegen Aussage stand; etwa als Beweis für die Unschuld einer angeklagten Person oder für die Berechtigung eines Rechtsanspruchs. Jordan von Sachsen berichtet, daß die Schrift der Katharer sofort verbrannte, während die des Dominikus nicht nur vom Feuer verschont blieb, sondern sie „sprang vor den Augen der Zuschauer weit aus den Flammen heraus". Auch dieses Buchwunder von Fanjeaux – andere Autoren verlegen es nach Montréal – wurde zu einem beliebten Motiv in der künstlerischen Darstellung der Vita des heiligen Dominikus, und besonders das herausspringende Buch hat immer wieder die Phantasie der Maler inspiriert.

Einen zumindest äußeren Höhepunkt des Predigtunternehmens bildete die große theologische Disputation, die wahrscheinlich im Frühjahr 1207 in Montréal stattfand. Diesmal waren es die Katharer, die zur Diskussion einluden, was sie bisher nie getan hatten; teils aus Furcht vor einer möglichen Verfolgung, teils auch deshalb, weil sie es vorzogen, unter sich zu bleiben. Wenn sie nun als Herausforderer hervortraten, dann mochte dies auch mit der Publizität zusammenhängen, die das Predigtunternehmen Diegos und der Legaten bewirkt hatte. Die Legaten sicherten den Theologen der Katharer freies Geleit zu, was früher keineswegs selbstverständlich gewesen war, und stimmten auch für Montréal als Austragungsort zu, obwohl diese Stadt ein Zentrum der Katharerbewegung bildete. Wir kennen sogar noch die Namen und die Berufe der vier Schiedsrichter, die allesamt Nichttheologen waren und daher auch kaum in der Lage gewesen sein dürften, über theologisch kontroverse Thesen zu urteilen. Aber sie erfüllten wohl eher die Aufgabe von Moderatoren; und im Grunde kam es auch weniger auf ihr Urteil an als auf die Möglichkeit einer programmatischen Darstellung der jeweiligen Ansichten vor einem breiten Publikum. Denn so wie im Zeitalter der Massenmedien die Spitzenkandidaten bei einer Präsidentschafts- oder Parlamentswahl im Fernsehen auftreten, so fanden im Hochmittelalter theologische Disputationen ihr Publikum, das von theologischen Fragen ebenso existentiell betroffen wurde wie das heutige Publikum von Fragen der Sicherheits- und der Wirtschaftspolitik. Die Disputation in Montréal dauerte mit Unterbrechungen zwei Wochen. 44

Daß sich die Jury am Ende mit einem „unentschieden" aus der Affäre zog, wurde je nach Standpunkt als Sieg oder als Niederlage betrachtet.

Wichtiger und vor allem zukunftweisender als solche Disputationen sollte dagegen die Gründung eines Hauses für Frauen und Mädchen in Prouille werden, das heute noch als Kloster der Dominikanerinnen existiert. Auch diese Gründung war, wie das gesamte Predigtunternehmen, eine direkte Antwort auf die Tätigkeit der Katharer. Wie schon erwähnt, gab es Schulen für Mädchen aus den adligen Katharerfamilien, die von „vollkommenen" Frauen geleitet wurden. Den gleichen Zweck sollte nun die Gründung eines Instituts für katholische Frauen und Mädchen erfüllen; vor allem für jene Mädchen, die aus Familien stammten, die wieder zum kirchlichen Glauben zurückgefunden hatten und nun ihre Töchter nach Prouille schickten anstatt in eine Klosterschule der Katharer. Bischof Fulko von Toulouse, der im Jahre 1205 anstelle seines abgesetzten Vorgängers die Leitung der Diözese übernommen hatte, gab die Genehmigung zur Gründung. Es war vor allem Dominikus, der sich um dieses Haus kümmerte und auch um dessen finanzielle Absicherung bemüht war.

Zur gleichen Zeit kamen zwölf Zisterzienseräbte, die Arnold von Cîteaux gewonnen hatte, so daß die Predigergruppe auf etwa vierzig Personen anwuchs. Dieser Zuzug erlaubte eine Aufteilung in kleinere Gruppen und damit eine Intensivierung der Predigt. Der Papst nahm regen Anteil an der Predigtmission, Berichte gingen von Südfrankreich nach Rom, und Innozenz antwortete mit ausführlichen Briefen, in denen er das Predigtwerk als „Verkündigung im Gebiet von Narbonne" bezeichnete, während das Siegel der Prediger den Titel „Verkündigung Jesu Christi" trug. Aber schon Ende des Jahres 1207 zog sich Arnold mit den Äbten wieder zurück. Sie waren schließlich in erster Linie Vorsteher ihrer Klöster, um die sie sich zu kümmern hatten, und wahrscheinlich war ihre Predigtmission ohnehin als eine zeitlich begrenzte Aktion gedacht. Vielleicht spielte auch die Enttäuschung über den geringen Erfolg ihrer Mission eine Rolle. Zwei zeitgenössische Aussagen drücken diese Enttäuschung aus. Die erste stellt nüchtern fest: „Eine kleine Anzahl führen sie (die Prediger) zurück. Der kleinen Zahl von Gläubigen, die sie vorgefunden hatten, geben sie eine gründliche Unterweisung im Glauben und bestärken sie darin." In der anderen Aussage, die sich auf die zahlreichen Anhänger der Katharer bezieht, heißt es bitter: „Bei Gott! Ich muß sagen, daß sich diese Leute aus den Predigten nicht mehr machen als aus einem faulen Apfel . . ."

Zudem war im Juli der Legat Raoul gestorben, so daß nun Diego und Dominikus mit ihrer kleinen Gruppe allein zurückblieben. Diego tat das in dieser Situation Naheliegende: Er reiste in seine Diözese zurück, um dort Kleriker für das Predigtwerk zu finden. Aber dazu sollte es nicht mehr kommen, denn er starb im Dezember 1207 in Osma. Mit ihm verlor die „Verkündigung Jesu Christi" ihren Inspirator und Leiter; Dominikus verlor seinen Mentor und väterlichen Freund. Es ist wenig sinnvoll, darüber zu spekulieren, wie der Lebensweg des Dominikus ohne die Begegnung und die Zusammenarbeit mit Diego verlaufen wäre, aber daß Dominikus zum Gründer des Predigerordens werden konnte, verdankte er dem Bischof von Osma, der mit seiner Predigtmission in Südfrankreich das Modell für diesen Orden schuf.

Von der Predigtmission zum Predigerorden

Der Tod des Bischofs von Osma bedeutete nicht nur eine Zäsur in der Predigtmission, sondern auch im Leben des heiligen Dominikus. Niemand hätte es ihm wahrscheinlich übelgenommen, wenn er nun seinerseits nach Osma zurückgekehrt wäre, zumal die „Verkündigung Jesu Christi" durch die Abreise der Zisterzienser personell so geschwächt wurde, daß ihr Weiterbestand fraglich erschien. Noch ein anderer Umstand hätte für eine Rückkehr nach Osma sprechen können, nämlich die Ermordung des päpstlichen Legaten Peter von Castelnau durch einen Gefolgsmann des Grafen von Toulouse, die zum Anlaß des mehrjährigen Albigenserkrieges wurde, in dem es für die friedliche Predigtmission noch weniger Erfolgsaussichten gab als zuvor. Doch Dominikus blieb in Prouille und hielt trotz des Krieges an der „Verkündigung Jesu Christi" fest. Er wohnte in Fanjeaux, ein paar Minuten Fußweg vom Kloster in Prouille, das er weiterhin leitete. Seine Predigtmission führte ihn kreuz und quer durch das Gebiet der Diözesen von Toulouse und Carcassonne und gelegentlich auch in rein albigensische Gebiete. Freilich konnte er meist nicht allzu lange von Prouille abwesend sein, denn das Kloster geriet des öfteren in die Kriegszone und war dementsprechend gefährdet. Aus zeitgenössischen Berichten und aus seinem Heiligsprechungsprozeß kennen wir die Namen einer Reihe von Personen, die Dominikus zum kirchlichen Glauben zurückgeführt hat. Aber die Kriegsereignisse dürften seine Aufgabe noch schwieriger gemacht haben, als dies früher schon der Fall war.

Es ist hier nicht der Ort, um ausführlich auf den Albigenserkrieg einzugehen. Er war wie alle Religionskriege grausam, wurde von beiden Seiten ohne Erbarmen geführt und endete mit der fast völligen Ausrottung der Katharergemeinden in den größeren Städten. Da sich beide Parteien über Jahrzehnte im wortwörtlichen Sinne gegenseitig theologisch verteufelt hatten, gab es im Grunde nur die Alternative der Unterwerfung oder der Ausrottung. Wenn Religionskriege späterer Jahrhunderte, wie etwa der Dreißigjährige Krieg, mit einem religiösen Kompromißfrieden und einer Anerkennung des jeweiligen „Besitzstandes" endeten, dann auch nicht deshalb, weil die Kirchen einen solchen religiösen Kompromiß befürwortet hätten, sondern weil die politische Machtkonstellation dazu drängte. Gerade das aber war im Albigenserkrieg nicht der Fall, da die politischen Interessen der Beteiligten weitgehend mit den religiösen übereinstimmten.

Das kommt sehr deutlich an einer der herausragenden Persönlichkeiten dieses Krieges, bei Simon von Montfort, zum Ausdruck, auf den hier etwas näher einzugehen ist, weil er in einem persönlichen Kontakt zu Dominikus stand. Als Simon zu Beginn des Krieges zum Heere stieß, war er ein „Ritter ohne Land", denn er hatte seine englischen Besitzungen verloren. Der päpstliche Legat Arnold von Cîteaux, der den Albigenserkreuzzug leitete und organisierte, wurde rasch auf die militärischen Fähigkeiten Simons aufmerksam und übertrug ihm weitreichende Führungsaufgaben in diesem Bereich. Arnold organisierte Geld und Truppen, Simon führte die Belagerungen durch und schlug die Schlachten, in denen er fast immer siegreich blieb; nicht zuletzt auch deshalb, weil sich der Kathareradel in der Verteidigung nicht zusammenschloß und vor allem Raimund von Toulouse ein Doppelspiel betrieb. Da der König von Frankreich seine Barone den Kreuzzug in ihrem eigenen Namen führen ließ, bedeutete dies in der Praxis, daß die Besitzungen des geächteten Adels an die Eroberer fielen. Am Ende der kriegerischen Aktionen war Simon von Montfort Herr über Carcassonne und Toulouse, Abt Arnold wurde zum Erzbischof von Narbonne ernannt. Simon von Montfort und Dominikus hatten sich gewissermaßen als Nachbarn kennengelernt, denn Simon residierte zeitweilig in Fanjeaux. Dominikus taufte eine Tochter Simons und assistierte bei der Trauung dessen Sohnes. Der Graf stattete das Frauenkloster in Prouille mit Ländereien aus und schenkte, wie Jordan eigens erwähnt, Dominikus „und seinen Gefährten, die ihn im Dienst der Seelsorge unterstützten, das große Schloß Conseneuil" und vergißt auch nicht, eher entschuldigend, hinzuzufügen, daß „damals noch nicht jene Konstitutionen in Kraft waren, die weder das Annehmen noch das Behalten von Besitzungen erlaubten".

In diesem Zusammenhang wurde und wird immer wieder die Frage gestellt, inwieweit Dominikus aktiv in den Albigenserkrieg verwickelt war. Das kirchenrechtliche Verbot, das Klerikern das „Kriegführen" (bellare) untersagte, galt auch für den Albigenserkrieg. Aber die Grenzen waren fließend. Wenn Arnold von Cîteaux den Nachschub organisierte, dann war er als „Logistiker" – um in dieser modernen militärischen Terminologie zu sprechen – nicht weniger am Erfolg des Albigenserkreuzzuges beteiligt als Simon von Montfort, der die Schlachten schlug, auch wenn Arnold sich nicht mit der Waffe in der Hand am Krieg beteiligte. Ähnliches galt von anderen Prälaten, die den technischen Ablauf von Belagerungen organisierten oder die Soldaten vor der Schlacht zum Kampf anfeuerten. Dominikus beteiligte sich offensichtlich nicht an derartigen Aktionen, was aber nicht bedeutet, daß er sie mißbilligt hätte. Denn auch für ihn war es selbstverständlich, daß sich das „weltliche Schwert" in den Dienst der Kirche stellte und diese durch ihre Kleriker den Krieg unterstützte. Aber sein Aufgabenbereich in diesem Krieg erstreckte sich auf andere Aktivitäten. Aus verschiedenen Berichten erfahren wir, daß er gelegentlich geholt wurde, um die Rechtgläubigkeit verdächtiger Gefangener zu beurteilen. Es lag nahe, Dominikus und seine Mitarbeiter für diese Tätigkeit heranzuziehen, denn sie kannten sich aufgrund ihres Umgangs mit Katharern und Waldensern in deren Mentalität aus.

Seine Hauptsorge galt freilich dem Predigtwerk und der Gewinnung neuer Mitarbeiter. Er war jetzt weitgehend in die südfranzösische Kirchenprovinz integriert und sprach, wie wir aus Berichten wissen, gut provençalisch. So lag es nahe, daß ihm neben der „Verkündigung Jesu Christi" auch andere kirchliche Funktionen übertragen wurden. Er vertrat im Jahre 1213 den Bischof von Carcassonne als dessen Vikar in spiritualibus, das heißt ohne richterliches Amt und ohne Verwaltungsvollmachten; und im Laufe dieser Jahre in Fanjeaux wurde er zweimal für einen Bischofssitz vorgeschlagen beziehungsweise gewählt, lehnte aber beide Male mit dem Argument ab, daß seine Predigtaufgabe vordringlicher sei. Er hatte schon zu Beginn der Verkündigung den Titel eines Subpriors abgelegt und nannte sich von da an schlicht Bruder Dominikus. So wohnte er denn weiter mit vier oder fünf Mitarbeitern in einem Hause hinter der Kirche von Fanjeaux, und obwohl die kleine Gemeinschaft von Simon von Montfort wirtschaftlich gut ausgestattet war, lebten ihre Mitglieder bewußt arm. Sie verteilten die Einkünfte an die Bevölkerung, die durch die Kriegswirren und durch hohe Abgaben zum Teil am Rande des Existenzminimums lebte. Auf ihren Predigtreisen trugen sie kein Geld bei sich, sondern nahmen mit dem vorlieb, was ihnen unterwegs und am Ort ihrer Predigt angeboten wurde.

Dominikus war, wie wir aus den Zeugnissen des Heiligsprechungsprozesses und anderen Quellen wissen, bereits in Palencia und Osma ein eifriger Beter gewesen, der oft ganze Nächte im Gebet wachend verbrachte. Jetzt, zur Zeit der „Verkündigung Jesu Christi", wurde er vor allem zu einem apostolischen Beter, der die Bekehrung der Katharer und Waldenser von Gott erbittet. Apostolisches Gebet und Predigt wuchsen so bei ihm zu einer Einheit zusammen. Sicherlich, er besaß alle menschlichen Voraussetzungen für einen guten Prediger: eine solide theologische Ausbildung, vor allem eine genaue Kenntnis der Heiligen Schrift; er konnte anschaulich formulieren und eindringlich zureden. Aber er war als Prediger kein „Beweger der Massen" wie etwa vor ihm Bernhard von Clairvaux als Kreuzzugsprediger oder später Bernhardin von Siena in seinen Bußpredigten. Wenn er mit seinen Gefährten in einen Ort oder eine Stadt kam, begannen sie auf einem der Plätze oder vor der Kirche mit ihrer Predigt; oft mochten es nur wenige Menschen sein, die der ersten Predigt zuhörten. Erst bei der zweiten oder dritten Predigt kamen mehr Zuhörer, und da es sich thematisch um die Auseinandersetzung mit den Lehren der Katharer und Waldenser handelte, kam es nicht nur zu Zwischenrufen, sondern oft zu einem Disput mit deren Anhängern. Die Szenerie solcher Predigten glich eher einer Veranstaltung im Londoner Hydepark als der Atmosphäre jener feierlichen Kanzelpredigten, die etwa Jacques-Bénigne Bossuet während der Fastenzeit in der Kathedrale von Notre-Dame in Paris hielt.

Es mag durchaus zutreffen, wenn spätere Biographen von „Tausenden von Häretikern" sprechen, die durch die Predigt des Dominikus zur Kirche zurückfanden. Aber diese „Tausende" verteilen sich auf mehr als ein Jahrzehnt der Predigttätigkeit des Heiligen und auf viele Orte, in denen er predigte. Im übrigen bedeutete „Bekehrung" sehr viel mehr als eine Gefühls- oder Willensregung, von nun an sein Leben zu „ändern"; denn die Wiederaufnahme in die Kirchengemeinschaft bildete einen kirchenrechtlichen Vorgang, der schriftlich bekundet wurde und mit Bußwerken verbunden war. Der Predigt, die den Anstoß gab, folgten Einzelgespräche, die schließlich zum Empfang des Bußsakramentes führten. Wenn es in Berichten heißt, daß Dominikus im Gebet um „die Seelen gerungen" habe, dann mag eine solche Formulierung in unseren Ohren eher pathetisch klingen, aber sie kennzeichnet den Ernst und das Engagement, mit denen sich die Predigergruppe um die Rückgewinnung der Katharer und der Waldenser bemühte.

Aus dieser Situation wird dann auch verständlich, warum sich Dominikus entschloß, mit einigen seiner Mitarbeiter nach Toulouse überzusiedeln, einer Stadt, die über Jahrzehnte ein Zentrum der Katharerbewegung gewesen war. Im April 1214 hatte sich die Stadt offiziell mit der Kirche ausgesöhnt, weil nach verschiedenen militärischen Niederlagen der Katharer ein weiterer Widerstand sinnlos erschien. Das seit drei Jahren über die Stadt verhängte Interdikt wurde aufgehoben, der Klerus konnte zurückkehren und seine Seelsorgetätigkeit wieder aufnehmen. Aber mit diesen kirchenrechtlichen Maßnahmen war das Katharerproblem in Toulouse nicht gelöst. Manche Sympathisanten mochten der Bewegung nach dem Sieg der Katholiken den Rücken kehren, aber für die Mehrzahl der Anhänger und vor allem für die „Vollkommenen" bedeutete sie Heilsoffenbarung und Lebenserfüllung. Als Dominikus auf Einladung des Bischofs Fulko von Toulouse und im Auftrag der päpstlichen Legaten in die Stadt übersiedelte, wußte er, welch eine schwierige Aufgabe ihm bevorstand.

Wir wissen nicht genau, wie viele Mitarbeiter Dominikus von Prouille nach Toulouse mitgenommen hat. Da die Zahl der Prediger ohnehin klein war und einige in Prouille zurückbleiben mußten, um an Ort und Stelle weiterzuwirken, dürften es nur wenige gewesen sein, die mit Dominikus nach Toulouse zogen. Aber nun bekam die Gruppe Zuzug aus der Stadt selbst. Dieser Zuzug bedeutete nicht nur eine personelle Bereicherung, sondern sollte darüber hinaus für die Umwandlung des Predigtwerkes in einen Predigerorden bedeutsam werden.

Jordan von Sachsen widmet dieser Begebenheit ein eigenes kleines Kapitel und schreibt: „Um jene Zeit, da die Bischöfe zum Laterankonzil nach Rom aufbrachen, schlossen sich dem Bruder Dominikus zwei tüchtige und fähige Männer aus Toulouse an. Der eine war Petrus Seila, später Prior von Limoges, der andere aber Bruder Thomas, ein sehr gefälliger und redegewandter Mann. Jener erste, Bruder Petrus, schenkte dem Bruder und seinen Gefährten seine großen und vornehmen Häuser, die er zu Toulouse beim gräflichen Schloß Narbonnais besaß. Damals fingen sie an, sich zu Toulouse in diesen Häusern niederzulassen; und seitdem begannen alle, die mit ihm waren, zur Armut herabzusteigen und sich dem Ordensleben anzugleichen."

Besonders dieser letzte Satz läßt aufhorchen. Die Predigergruppe in Fanjeaux hatte zwar schon seit Jahren in persönlicher, apostolischer Armut gelebt, aber Simon von Montfort hatte nicht nur das Schwesternkloster in Prouille, sondern auch die Predigerniederlassung mit Landbesitz und Einkünften ausgestattet. In Toulouse dagegen entschlossen sie sich, gerade auf diese Form des gemeinsamen Eigentums zu verzichten. Das kommt deutlich in den noch vorhandenen Dokumenten der Erbteilung des Petrus Seila zum Ausdruck. Petrus überließ seinem Bruder den Landbesitz und brachte in das Predigtwerk die von Jordan erwähnten Häuser in der Stadt ein. Natürlich besaßen auch diese Häuser ihren Wert, aber sie dienten nicht als Kapitalanlage, sondern zum Wohnen für die Gemeinschaft, während Erträge aus dem Landbesitz in der Wirtschaftsstruktur des Hochmittelalters, das sich noch ziemlich streng an das Zinsverbot für Christen hielt, die einträglichste und sicherste Kapitalanlage bot. So beruhte der Reichtum der großen Abteien zu einem Großteil auf der Verpachtung von Landbesitz, der nicht mit eigenen Kräften bebaut wurde. Und im Gegensatz zur heute gängigen Kapitalanlage in Wertpapieren, bei denen die Aktionäre das Risiko eines Wertverlustes eingehen, trug bei der Landverpachtung der Pächter und nicht der Verpächter das Risiko eines Ertragsverlustes.

In dieser Situation bedeutete der Verzicht der neuen Kommunität in Toulouse auf feste und sichere Einkünfte aus verpachtetem Landbesitz einen bewußten Bruch mit der Tradition und damit auch den Verzicht auf finanzielle Autonomie. An ihre Stelle trat die gewollte wirtschaftliche Abhängigkeit; im Falle der neuen Kommunität die Abhängigkeit vom Bistum Toulouse. Bischof Fulko approbierte im Sommer 1215 nicht nur die neue Gemeinschaft und gab ihr den Predigtauftrag für seine Diözese, sondern stattete die Kommunität auch mit den finanziellen Mitteln für ihre wirtschaftliche Existenz aus. In dem noch erhaltenen Dokument heißt es:

49 „Weil aber der Arbeiter seines Lohnes wert ist und weil man dem Ochsen, der da drischt, das

Maul nicht verbinden soll und weil mit um so größerem Recht der Mann, der das Evangelium verkündet, vom Evangelium leben soll, wollen wir, daß diese Männer, wenn sie zum Predigen ausziehen, ihre Nahrung und alles, was sie sonst brauchen, vom Bistum erhalten." Die Gemeinschaft sollte die Hälfte des dritten Teiles der Abgaben erhalten, die für die Einrichtung und die Verwaltung aller von der Diözese abhängigen Pfarrkirchen bestimmt war. Diese Summe war aber nicht als Bezahlung im Sinne eines Tarifvertrags gedacht, dem eine individuelle Leistung entspricht, sondern wurde als ein Almosen deklariert. Fulko schreibt daher ausdrücklich: „Da von Rechts wegen immer ein ansehnlicher Anteil der Abgaben für die Armen bestimmt und an sie verteilt wird, so ist es selbstverständlich unsere Pflicht, denen einen Teil der Abgaben bevorzugt zuzuwenden, die um Christi willen die evangelische Armut erwählt haben." In der heutigen Terminologie könnte man von einem kollektiven Anstellungsvertrag sprechen, der aber nicht leistungsorientiert war, sondern allen Mitgliedern der Gemeinschaft, auch wenn sie nicht predigten oder krank waren, ein wirtschaftliches Auskommen zusicherte. Reichtümer konnten und sollten mit dieser Zuwendung nicht erwirtschaftet werden. Im Gegenteil, Bischof Fulko bestimmte ausdrücklich: „Wenn am Jahresende irgendein Überfluß geblieben ist, so wollen und setzen wir fest, daß derselbe für die Verschönerung der Pfarrkirchen oder für die Armen ausgegeben werde, je nachdem es der Bischof für zweckmäßig findet." Dieses Dokument entsprach genau den Vorstellungen der Prediger von Toulouse über die apostolische Armut: nicht nur persönlich arm zu leben, sondern auch als Institution auf alles Eigentum zu verzichten, das Erträge abwirft.

Aber auch unter dem Aspekt der Predigt bedeutete die Approbationsurkunde des Bischofs Fulko ein Novum und einen Bruch mit der Tradition, denn im Mittelalter war die Predigt ein Privileg der Prälaten. Zwar gab es den Brauch, gelegentlich auch „einfache" Kleriker mit Predigtaufgaben zu betrauen. Aber diese Predigtaufgabe war zeitlich und räumlich begrenzt. Das galt zum Beispiel auch für die von Innozenz approbierte „Verkündigung Jesu Christi". Die Neuerung in Fulkos Schreiben bestand deshalb darin, daß dieser Predigtauftrag nicht, wie bisher üblich, einzelnen Predigern auf Zeit, sondern einer Gemeinschaft auf Dauer übertragen und damit institutionalisiert wurde.

Über die Arbeit und die Lebensweise der Predigerkommunität in Toulouse sind wir relativ gut unterrichtet. Jordan erwähnt für das Jahr 1216 „ungefähr sechzehn" Mitglieder. Sie wohnten in den drei nahe beieinander gelegenen Häusern, die Petrus Seila in die Gemeinschaft eingebracht hatte. Das Hauptgebäude, das im Verlaufe der Zeit mehrmals umgebaut wurde, existiert noch heute. Aber schon wenige Monate später, im Sommer 1216, überwies Bischof Fulko der Gemeinschaft die Kirche von St. Romanus, und die Prediger konnten sich in einem Hause in der Nähe der Kirche einrichten. Jordan erwähnt „Zellen, die zum Studieren und Schlafen hinreichend geeignet waren". Das Studium wird nicht zufällig erwähnt, denn aus einem anderen Bericht wissen wir, daß Dominikus mit einigen seiner Brüder die Vorlesungen eines Magisters der Theologie besuchte. Da in dieser ersten Zeit nur Kleriker mit abgeschlossenem Studium aufgenommen wurden, handelte es sich um eine Art theologischer Vertiefung und Weiterbildung, die Dominikus für sich und seine Gemeinschaft anstrebte. Die Erkenntnis, daß der Predigtauftrag als religiöse Unterweisung nur auf der Grundlage ständigen theologi- *50* schen Bemühens verwirklicht werden kann, bildete offensichtlich eine der wichtigsten Erfahrungen, die die Gemeinschaft in Toulouse gemacht hat. Natürlich konnten die Brüder nur gelegentlich Vorlesungen besuchen, denn ihr offizieller Auftrag war die Predigt. Sie wanderten zu zweit durch die Städte und Dörfer der Diözese, und da sie stets zu Fuß gingen, mochten jeweils Wochen vergehen, ehe sie in ihr Kloster nach Toulouse zurückkehrten. Unterwegs lebten sie von den Gaben, die sie erhielten.

Man hat immer wieder gefragt, warum Dominikus darauf drängte, für die Predigergemeinschaft von Toulouse den Status eines vom Papst anerkannten Ordens zu erlangen. H. Ch. Scheeben und die meisten Biographen stimmen darin überein, daß Dominikus zumindest seit der Zeit, als er sich in Toulouse niederließ, daran dachte, einen über die ganze Kirche verbreiteten Klerikerorden der Prediger zu gründen. Aber es gab auch praktische und näherliegende Argumente. Bischof Fulko war zwar ein großzügiger Förderer der Gemeinschaft von Toulouse, aber schon sein Nachfolger konnte unter Berufung auf die Tradition alle Neuerungen seines Vorgängers wieder rückgängig machen und damit der Gemeinschaft von Toulouse die Existenzgrundlage entziehen.

Den äußeren Anlaß, um die Approbation des Papstes zu erhalten, bot die Einberufung des Vierten Laterankonzils nach Rom für das Jahr 1215. Als Innozenz dieses Konzil berief, stand er politisch auf dem Höhepunkt seiner Macht, denn in seinen Auseinandersetzungen mit den deutschen, englischen und französischen Königen hatte er die Stellung des Papsttums festigen und die kirchlichen Ansprüche durchsetzen können. Nun erstrebte er mit Hilfe eines Allgemeinen Konzils die innere Reform der Kirche und wollte einen neuen Kreuzzug vorbereiten. Es würde zu weit führen, ausführlich auf die Verhandlungen und Beschlüsse dieses Konzils einzugehen. Aber es gibt einige Beschlüsse des Konzils, die unmittelbar das Predigtwerk des Dominikus betreffen und die Gründung des Predigerordens beeinflußt haben.

Bischof Fulko und Dominikus trafen noch während der abschließenden Verhandlungen in Rom ein und konnten mit dem Papst über die Frage der Approbation sprechen. Verständlicherweise konnte Innozenz nicht sofort seine Zustimmung erteilen, stellte aber für das von Dominikus gegründete Frauenkloster von Prouille einen Schutzbrief aus und bestätigte die dem Kloster gemachten Schenkungen. Für die weiteren Verhandlungen wegen der Approbation wurde Dominikus an Hugolino, den Kardinalbischof von Ostia, verwiesen, der für Fragen der Approbation neuer Orden bei der Kurie als Fachmann galt und Dominikus in jeder Hinsicht unterstützte. Aber die günstige Situation wurde schlagartig durch eine Bestimmung des Konzils verändert, die im Kanon 13 festlegte: „Wer in das Ordensleben eintreten will, weihe sich einem der bestätigten Orden. Ebenso nehme, wer in Zukunft einen neuen Orden gründen will, die Regel und Institution einer bereits bestätigten religiösen Gemeinschaft an." Dieser Beschluß der Konzilsväter richtete sich, wie aus dem Kontext ersichtlich, gegen die „übertriebene Vielfalt der religiösen Gemeinschaften in der Kirche", die „zu einem Zustand der Verwirrung führe". Konkret mochten mit diesem Hinweis vor allem die Humiliaten und die „katholischen Armen" gemeint sein, religiöse Gemeinschaften, die zum Teil aus ehemaligen Waldensern bestanden, nun zwar als kirchliche Gemeinschaft existierten, aber doch nach Art der Waldenser

weiterlebten.

Aber welche konkrete Intention das Konzil auch gehabt haben mag, der Kanon brachte die Absicht des Dominikus, sein Predigtwerk von Toulouse, so wie es existierte, durch den Papst approbieren zu lassen, in Gefahr. Zwar hatte Innozenz den Orden des heiligen Franziskus approbiert, aber bei ihm ging es nicht um die Predigt und nicht um das Problem der „apostolischen Armut" nach Art der Waldenser. Um die befürchtete „Verwirrung" und mögliche Verdächtigungen von vornherein vom Predigtwerk des Dominikus fernzuhalten, empfahl daher Innozenz die Annahme einer traditionellen Regel, wie es der Kanon 13 des Konzils vorschrieb. Dominikus kehrte nach Toulouse zurück, und dort beschloß die Kommunität, die Regel des heiligen Augustinus zu übernehmen. Diese Wahl lag nahe; nicht nur, weil Dominikus selbst Kanoniker nach der Regel des heiligen Augustinus war und weil diese Regel zu den verbreitetsten des Mittelalters gehörte, sondern auch deshalb, weil sie sich – etwa im Gegensatz zur Regel des heiligen Benedikt – darauf beschränkte, die Prinzipien des gemeinsamen religiösen Lebens festzulegen: die brüderliche Gemeinschaft, die persönliche Armut und den Gehorsam gegenüber den Oberen. Wie diese Prinzipien konkret zu verwirklichen waren, das blieb den „Ausführungsbestimmungen" in den jeweiligen Orden überlassen.

Die Kommunität machte sich daher auch gleich nach Annahme der Augustinusregel an die Abfassung solcher Ausführungsbestimmungen, die unter dem Titel „Consuetudines" zusammengefaßt wurden. Dieser in der mittelalterlichen Rechtsprache gebräuchliche Fachausdruck bezieht sich auf Rechtsgewohnheiten; hier freilich in dem Sinne, daß die genannten Verhaltensweisen als Vorschriften Geltung erhalten sollten. Bei diesen ersten „Consuetudines" handelte es sich ausschließlich um Observanzen, das heißt um Regeln für das tägliche Leben in der Gemeinschaft. Die Zeiten für das Stundengebet, die Mahlzeiten, die Nachtruhe wurden festgelegt, aber auch die im engeren Sinne religiösen Vorschriften, wie etwa für das Stillschweigen, das Fasten und die Bußübungen. Alle diese Vorschriften entsprachen weitgehend den strengen Regeln des Prämonstratenserordens, dessen Mitglieder ebenfalls Kanoniker waren, so daß eine Übernahme der Gebräuche dieses Ordens nahelagen.

Eine derart minutiöse Regelung der täglichen Lebenspraxis mag dem heutigen Empfinden als eine Einschränkung des individuellen Freiheitsraumes erscheinen. Aber der mittelalterliche Mensch empfand in dieser Hinsicht anders. Nicht nur die Lebenspraxis der Kleriker wurde durch kirchliche Vorschriften geregelt, ähnliches galt auch für die „Weltleute": angefangen von einer streng einzuhaltenden Kleiderordnung bis zu den zunftartigen Berufsorganisationen in den Städten, während auf dem Lande ohnehin ein festgefügtes Brauchtum vorherrschte, das nicht einmal einer rechtlichen Regelung bedurfte, um eingehalten zu werden. Der mittelalterliche Mensch fühlte sich in einer solchen Ordnung geborgen, denn der Begriff der Ordnung stand nicht im Gegensatz zum Begriff der Freiheit, sondern zum Chaos; vor allem zu den als chaotisch und als dämonisch besetzt empfundenen Naturgewalten, die der Mensch fürchtete und gegen die er sich durch das Setzen von Ordnung absicherte. In diesem Sinne mag auch das damals vielzitierte Wort des heiligen Augustinus zu verstehen sein: „Halte die Ordnung, damit die Ordnung dich hält!"

Andererseits hielten sich die Predigerbrüder von Toulouse keineswegs sklavisch an die vorliegenden Satzungen der Prämonstratenser, sondern wandelten sie ab und ergänzten sie. Letzteres galt besonders für jene Lebensbereiche, die direkt oder indirekt mit der Predigt zusammenhingen, wie etwa der Ausgang aus dem Kloster, die Dispens vom Chorgebet für die Prediger und eine stärkere Betonung der Studienzeit.

In diesen mehr oder minder juridisch gefaßten Vorschriften sticht ein Text heraus, nämlich die Anweisung an den Novizenmeister, die nach der Ordenstradition von Dominikus selbst formuliert wurde. Es gibt in dieser Anweisung einige Sätze, die für die Mentalität des Verfassers kennzeichnend sind und aus denen die Erfahrung des eigenen Lebens spricht. An einer Stelle heißt es, der Novizenmeister lehre die Novizen, „daß sie Tag und Nacht, zu Hause und unterwegs, stets damit beschäftigt sein sollen, etwas zu lesen oder zu betrachten, und sich dabei bemühen, alles, was ihnen möglich ist, auswendig zu behalten . . .“ Hier spricht der erfahrene Prediger zu den zukünftigen Predigern, ein Mann, von dem wir aus zahlreichen Zeugnissen seiner Mitbrüder wissen, daß er ständig in der Heiligen Schrift las und über das Evangelium meditierte, dagegen jedem unnötigen Gerede aus dem Wege ging. An einer anderen Stelle schreibt der Verfasser: „Wenn sie (die Novizen) etwas geschehen sehen, was ihnen schlecht erscheint, mögen sie sich fragen, ob es nicht doch gut oder zumindest in einer guten Absicht getan ist, denn des Menschen Urteilskraft unterliegt oft dem Irrtum.“ Auch dieser Satz entspricht fast wörtlich dem Verhalten des heiligen Dominikus. Im Heiligsprechungsprozeß hoben die angehörten Mitbrüder besonders die discretio des Dominikus hervor; jene Tugend, zu der es gehört, das eigene Urteil über andere klug abzuwägen und abzuwarten, ob und wann über das Versagen anderer zu sprechen sei.

Ende des Jahres 1216 reiste Dominikus mit einigen Brüdern wieder nach Rom, um nun die versprochene Approbation durch den Papst zu erhalten. Aber Innozenz III. war im Juli gestorben. Doch gab es bei seinem Nachfolger Honorius III. keine weiteren Schwierigkeiten, und am 22. Dezember 1216 wurde die Bestätigungsurkunde ausgestellt. Damit war die Gemeinschaft in Toulouse als ein eigener Orden anerkannt. Auch der Titel des Ordens ergab sich nun fast von selbst: In einem Schreiben des Papstes wurden die Brüder in Toulouse als „Brüder des Predigerordens“ angesprochen. Aus der Predigtmission in Südfrankreich war der Predigerorden geworden.

Was historisch in zähen und zeitraubenden Verhandlungen erreicht wurde, ging in eine typisch mittelalterliche Legende ein, die auf fast keiner künstlerischen Darstellung der Lebensgeschichte des heiligen Dominikus fehlt. Nach dieser Legende soll Papst Innozenz III. im Schlaf eine Vision erfahren haben. Er sah, wie Dominikus eine Kirche stützte, die in sich zusammenzubrechen drohte: ein Sinnbild der gefährdeten Kirche, die durch das Predigtwerk des heiligen Dominikus wieder erneuert wird. Auch diese Legende ist eine Art Topos, denn die gleiche Legende wird von Innozenz und dem heiligen Franziskus berichtet. Aber für den mittelalterlichen Menschen war diese Parallelität kein Hindernis, und Fra Angelico vereinigte sogar beide Legenden auf ein und derselben Bildtafel.

Die Aussendung der Brüder

Das Pfingstfest 1217 wurde im Leben des heiligen Dominikus und in der Geschichte des Ordens zu einem entscheidenden Datum. Denn an diesem Tage fand ein Ereignis statt, das schon früh in der Ordenstradition als die „Aussendung der Brüder" bezeichnet wurde. Jordan von Sachsen schreibt über diesen Vorgang: „Nach Anrufung des Heiligen Geistes rief Dominikus die Brüder zusammen und sagte, es sei seines Herzens Vorsatz, daß er sie, wenngleich sie nur wenige seien, in die Welt aussenden werde." Und Jordan fügte hinzu: „Als er diese unvermutete Anordnung aussprach, waren sie alle sehr verwundert. Aber die so offensichtlich heilige Autorität seiner Persönlichkeit machte einen solchen Eindruck auf sie, daß sie leichter zustimmten."

Nun, so leicht scheinen sie doch nicht zugestimmt zu haben, denn aus den Zeugenberichten im Heiligsprechungsprozeß wissen wir, daß es erhebliche Einwände gab. Sie kamen übrigens nicht nur aus den Reihen der Gemeinschaft, sondern ebenso von seiten des Bischofs Fulko und des Grafen von Montfort. Letzterem war auf dem Laterankonzil ein Teil der Grafschaft von Toulouse einschließlich der Hauptstadt zugesprochen worden, obwohl sich der kluge Realpolitiker Innozenz lange gegen eine solche Anerkennung der Machtansprüche des Simon von Montfort gesträubt hatte. Es war dann auch dieser überproportionale Machtzuwachs, der Simon schon kurze Zeit später zu Fall bringen sollte. Nicht nur der entmachtete Graf von Toulouse und die Barone des Südens sahen in ihm einen „landfremden Usurpator", auch verschiedene Prälaten begannen sich von ihm zu distanzieren. In diesem politischen Verwirrspiel hatte zwar die kleine Kommunität in Toulouse keine tragende Rolle, aber Simon konnte in der unbotmäßigen Stadt jede Unterstützung gebrauchen und war deshalb von dem Plan des Dominikus, von Toulouse fortzuziehen, wenig angetan. Seine Bitten blieben aber vergeblich. Dominikus hätte ihm auch, wenn er geblieben wäre, kaum helfen können. Im September 1217 drang Raimund VI. in Toulouse ein; die Stadt erhob sich gegen Simon, der sie zwar nach schweren Kämpfen zurückerobern konnte, aber dabei ums Leben kam. Bischof Fulkos Einwände gegen den Plan des Dominikus kamen aus der berechtigten Sorge um den Zustand in seiner Diözese. Er war es schließlich gewesen, der das Predigtwerk in Toulouse nicht nur kirchenrechtlich und finanziell abgesichert, sondern in jeder Hinsicht gefördert hatte. Aus seiner Sicht konnte es keine stichhaltigen Gründe geben, aus der Diözese fortzuziehen. Aber auch seine Vorhaltungen blieben vergeblich.

Am berechtigtsten waren sicherlich die Einwände, die aus der Gemeinschaft selbst kamen. Es widersprach und widerspricht aller menschlichen Erfahrung, die Mitglieder einer kleinen, gerade erst gegründeten Gemeinschaft auseinanderzureißen und gewissermaßen in alle Winde zu zerstreuen. Was nutzen gemeinsam beschlossene Regeln für die Lebenspraxis mit gutgemeinten Anweisungen für den Novizenmeister, wenn jene, die sie beschlossen haben, nicht die Gelegenheit bekommen, sie wenigstens für einen gewissen Zeitraum gemeinsam zu erproben? Unter einem solchen Erfahrungsaspekt mußte der Plan des Dominikus unbedacht und gefährlich erscheinen. Tatsächlich sind denn auch einige Gründungsvorhaben des Dominikus zunächst gescheitert. Das war auch deshalb nicht verwunderlich, weil es unter den Mitgliedern 54 der Kommunität kaum „Führungspersönlichkeiten" gab. M.-H. Vicaire bemerkt in dieser Hinsicht über die Brüder von Toulouse: „Im allgemeinen sind es einfache und in der Mehrzahl wenig unterrichtete Leute. Es gibt unter ihnen solche, die Angst haben vor den Opfern, und andere, die materiellen Schwierigkeiten nicht standhalten." Gerade für sie wäre eine Zeit weiterer Erprobung unter der Leitung des Dominikus wertvoll und wichtig gewesen. Aber Dominikus blieb bei seiner Entscheidung und erwiderte den Brüdern, die Vorbehalte machten: „Stellt euch mir nicht entgegen! Ich weiß, was ich tue."

Das war eine autoritative Antwort, und es hat wenig Sinn, die Worte und das Verhalten des Dominikus deuten zu wollen; etwa mit dem Argument, daß ihm die geschichtliche Entwicklung, wie es gelegentlich heißt, „recht gegeben" habe. Denn über „richtige" oder „falsche" geschichtliche Entscheidungen läßt sich allenfalls aus der Rückschau sprechen. Wenn überhaupt, dann läßt sich diese Entscheidung allein aus jener Dimension des christlichen Glaubens erklären, die wir als Charisma und Inspiration bezeichnen. Aber sie sind das Geheimnis einer besonderen Beziehung zwischen Gott und demjenigen, der dieses Charisma und diese Inspiration von Gott empfangen hat. Der Außenstehende kann das Vorhandensein an ihrem Träger erspüren; und dies auch nur dann, wenn er selber für diese Dimension des Glaubens aufgeschlossen ist. Die Brüder von Toulouse sind es sicherlich gewesen, und in diesem Sinne ist wohl auch die abschließende Bemerkung Jordans zu verstehen, daß die Brüder „voll Vertrauen waren, dies alles werde einen guten Ausgang nehmen".

Übrigens haben die mittelalterlichen Berichterstatter der Vita des heiligen Dominikus diese Situation der Aussendung auf ihre Art in einer Legende darzustellen versucht, die die Besonderheit der apostolischen Berufung vielleicht deutlicher macht als jede andere Erklärung. Konstantin von Orvieto schreibt in seiner „Legenda sancti Dominici": „Während der Diener Gottes, Dominikus, in Rom war und in Gottes Gegenwart in der Basilika von Sankt Peter sich im Gebet um die Erhaltung und Ausbreitung des Ordens erging, den die Hand Gottes durch des Dominikus Bemühungen fortpflanzte, ging über ihm die Macht Gottes auf. Er sah Petrus und Paulus, die ruhmvollen Apostelfürsten, erscheinen. Petrus übergab ihm den Stab, Paulus übertrug ihm das Buch. Und alle beiden fügten hinzu: Gehe hin und predige! Denn zu diesem Dienste hat Gott dich ausersehen. Da schien es ihm einen Augenblick, als sähe er, wie seine Brüder, über die ganze Erde verstreut, paarweise sich auf den Weg machten, um dem Volk das Wort Gottes zu verkünden."

Und so geschah es tatsächlich. Am Fest Mariä Himmelfahrt versammelte sich die kleine Gruppe zum letzten Male zu einem gemeinsamen Gottesdienst, dann gingen sie auseinander. Manche haben sich zeit ihres Lebens nicht mehr wiedergesehen. Zwei Gruppen zogen getrennt nach Paris, um sich dort niederzulassen, eine andere Gruppe machte sich auf den Weg nach Madrid, eine weitere ging ebenfalls nach Spanien, gab aber bald wieder auf. In Toulouse blieben nur jene Mitbrüder, die aus der Stadt oder ihrer näheren Umgebung stammten.

Für Dominikus begann nun eine Zeit des Reisens, oder richtiger gesagt, des Wanderns, denn als apostolischer Prediger ging er zu Fuß. Da schon bald zu den Niederlassungen in Spanien und Frankreich auch Gründungen in Italien kamen, war er ständig in diesen Ländern unterwegs. Nach den Aussagen seiner Mitbrüder besaß er in keinem dieser Konvente eine eigene

Die Farbbilder der folgenden acht Seiten zeigen:

25 DOMINIKUS, Marmorkopf (13. Jh.) – vielleicht von Niccolò Pisano – im Konvent von S. Domenico in Bologna.

26 INNENRAUM DER KIRCHE S. SABINA (5. Jh.) in Rom. 1222 übertrug Papst Honorius III. endgültig S. Sabina dem jungen Dominikanerorden.

27 TRAUM PAPST INNOZENZ' III., bei dem er sieht, wie Dominikus die Kirche, die zu stürzen droht, auffängt. Tafelbild von F. Traini (vgl. Nr. 6).

28 DIE APOSTEL PETRUS UND PAULUS überreichen Dominikus Stab und Buch, während er in der Peterskirche in Rom betet. Tafelbild von Fra Angelico, Detail aus der Predella des Triptychons von Cortona (1335/36). – Cortona, Museo Diocesano (vgl. Nr. 35).

29 DOMINIKUS UND EIN BRUDER als Wanderprediger, gemäß dem Auftrag des Ordensgründers, paarweise sich auf den Weg zu machen, um dem Volk das Wort Gottes zu verkünden. Tafelbild (vgl. Nr. 7).

30 DOMINIKUS überreicht Papst Honorius III. seine Ordensregel zur Bestätigung. Marmorrelief vom Grabmal des Dominikus (vgl. Nr. 40).

31 APPROBATION DES ORDENS, Bulle Honorius' III. vom Dezember 1216. – Toulouse, Archives de la Haute Garonne.

32 GLOCKENTURM DER KIRCHE S. SISTO IN ROM. Hier richtete Dominikus zur Reform einiger Frauenklöster einen neuen Konvent mit strenger Klausur ein, deren Mitglieder aus verschiedenen Frauenklöstern stammten.

Die Farbbilder der vorigen acht Seiten zeigen:

33 MARIA, byzantinische Ikone. Konvent der klausurierten Dominikanerinnen des ehemaligen Konvents S. Sisto auf dem Monte Mario
in Rom.

34 DOMINIKUS EMPFÄNGT DAS ORDENSGELÖBNIS des Reginald von Orléans. Marmorrelief vom Grabmal des Dominikus (vgl. Nr. 40).

35 BEGEGNUNG VON FRANZISKUS UND DOMINIKUS. Tafelbild von Fra Angelico auf der Predella des Triptychons von Cortona (vgl. Nr. 28).

36 APSIS DER KIRCHE SAN DOMENICO und Gebäude des Klosters in Bologna. Hier befindet sich das Grab des hl. Dominikus.

37 DOMINIKUS. Ausschnitt aus dem Dominikusbild auf der Domini-
kustafel in Neapel (vgl. Nr. 7).

38 ENGEL HOLEN DOMINIKUS über Leitern in den Himmel zu Christus
und Maria. Vision des Priors Guala von Brescia in der Sterbestunde
des Dominikus. Tafelbild von F. Traini (vgl. Nr. 6).

39 FEIERLICHE ÜBERTRAGUNG DES LEICHNAMS des hl. Dominikus am
25. Mai 1233 in die neue Klosterkirche von Bologna. Tafelbild von F.
Traini (vgl. Nr. 6).

40 GRABMAL DES DOMINIKUS von Niccolò Pisano (1265/66) in der
Kirche S. Domenico in Bologna.

Zelle, sondern schlief in der Zelle eines abwesenden Bruders oder einfach auf einem Strohlager in der Ecke irgendeines frei gemachten Raumes, zumal er ohnehin einen Teil der Nacht betend in der Kapelle oder der Kirche des Klosters verbrachte. Da er zu Fuß wanderte, konnte er stets nur das Notwendigste mitnehmen. Gewiß, er bekam in den Klöstern alles, was er brauchte. Aber dieser jahrelange Verzicht auf jenes Minimum an Privatheit, die jeder Mensch braucht, um sich gelegentlich auf sie zurückziehen zu können, war Bestandteil seiner ganz persönlichen Auffassung von apostolischer Armut, die er freilich seinen Mitbrüdern niemals aufzwang.

In den nun folgenden wenigen Jahren, die ihm noch blieben, galt seine Hauptsorge den neugegründeten Klöstern des Ordens. Aber er besuchte nicht nur die schon vorhandenen Niederlassungen, sondern bemühte sich auch, das Terrain für weitere Gründungen vorzubereiten. So geht sehr wahrscheinlich die Gründung des Klosters in Bologna auf seine Initiative zurück, als er im Winter des Jahres 1217 von Toulouse nach Rom ging. Dort erbat und bekam er weitere Empfehlungsschreiben des Papstes für die „Brüder des Predigerordens". Diese Empfehlungsschreiben waren nicht nur deshalb so wichtig, weil der neugegründete Orden außerhalb des Gebietes von Toulouse und Narbonne noch ganz unbekannt war, sondern auch deshalb, weil diese Form klösterlichen Lebens und vor allem die Predigttätigkeit von Klerikern, die nicht Prälaten waren, verständlicherweise auf Zurückhaltung und Mißtrauen bei den Bischöfen und dem einheimischen Klerus stoßen mußte.

Ein typisches Beispiel für diese Situation bot die Lage der ersten Brüder, die sich in Paris niedergelassen hatten. Sie wohnten in einem kleinen Haus und mußten sich deren Miete erbetteln. Für den einheimischen Klerus waren sie Kanoniker aus Toulouse, und dementsprechend war das dortige Kloster nach geltendem Recht verpflichtet, für ihren Unterhalt zu sorgen. Daß dies nicht geschah und nach dem Willen der Brüder auch nicht geschehen sollte, war in den Augen des Pariser Klerus ein Fehlverhalten, und die Bettelei der Brüder in Paris wurde für den Stand der Kanoniker als beschämend empfunden. Die päpstlichen Empfehlungsschreiben, die fast immer die Aufforderung an die Bischöfe enthielten, daß sie die Brüder „wohlwollend aufnehmen und das Predigtamt ausüben lassen, mit dem sie beauftragt sind", sollten derartigen Fehleinschätzungen entgegenwirken. Dominikus schickte daher auch sofort eine Kopie nach Paris. Auch in Bologna war die finanzielle Situation prekär. Dominikus selbst überbrachte den Empfehlungsbrief des Papstes und verhandelte mit den Prälaten der Stadt, um Mißtrauen und Vorbehalte zu beseitigen.

Das geschah wohl schon auf seiner Reise nach Spanien im Sommer 1218. Dreizehn Jahre zuvor hatte er im Gefolge des Bischofs von Osma hoch zu Roß die Pyrenäen in Richtung Frankreich und Dänemark überquert; vielleicht so, wie es das Bild auf dem Sarkophag des heiligen Pedro im Kapitelsaal von Osma vom Ausritt eines Chorherren zeigt, der von einem Diener begleitet wird. Dieses Mal überstieg Dominikus die Pyrenäen in Begleitung eines Mitbruders zu Fuß, predigte in den Städten und Dörfern und lebte von den Almosen, die man ihm zusteckte. In Madrid besuchte er die beiden Brüder, die er im Jahre zuvor dorthin gesandt hatte, und in dieser Stadt gründete er das erste spanische Dominikanerinnenkloster. Die Schwestern in Madrid besitzen das einzige Dokument von seiner Hand, das uns noch erhalten ist, nämlich einen kurzen Brief, den er an die ersten Schwestern richtete. Es ist ein Schreiben in nüchternem

Stil mit frommen und praktischen Hinweisen, darunter auch einer Mahnung, die aus der bereits zitierten Anweisung an den Novizenmeister stammen könnte: „Plaudert nicht miteinander, vertut eure Zeit nicht mit Geschwätz!" In diesem Brief steht kein überflüssiges Wort, nicht einmal eine jener frommen Floskeln, an der die mittelalterliche spirituelle Briefliteratur so reich ist. In Segovia wurde Dominikus ein kleines Haus geschenkt, einige Brüder übernahmen es und machten ein Kloster aus ihm. So oder auf ähnliche Weise sollten in den folgenden Jahren noch manche Konvente in Spanien, Frankreich, Italien und Deutschland entstehen.

Etwa im Mai 1219 verließ Dominikus Spanien und machte sich auf den Weg nach Toulouse, um den dortigen Konvent zu besuchen. In Toulouse erwartete ihn bereits Bruder Bertrand mit Nachrichten aus Paris und um Dominikus dorthin zu begleiten. In Paris hatte sich zwar die finanzielle Situation gebessert, denn die Brüder hatten das Hospiz von St-Jacques übernehmen können, aus dem das Kloster St-Jacques entstand. Es wurde das bedeutendste Dominikanerkloster Frankreichs und ging schließlich sogar als Namensgeber in die Geschichte der Französischen Revolution ein. Denn nach diesem Konvent wurden die Jakobiner benannt, die dort eine Zeitlang während der Revolution ihr „Hauptquartier" hatten. Aber im Jahre 1219 gab es andere Sorgen. Da das Hospiz St-Jacques ein Studienhaus der Pariser Universität war und die dort lebenden Brüder offiziell als Theologiestudenten galten, durften sie in ihrer Kapelle nicht öffentlich die Messe feiern und auch nicht predigen. Das eigens vom Domkapitel erlassene Verbot war rechtlich korrekt, aber das dahinterstehende Motiv war offensichtlich, denn die in der Nähe des Hospizes gelegenen Pfarreien befürchteten die Konkurrenz der Predigerbrüder.

Aber diese Situation hatte auch ihre guten Seiten. Die Brüder widmeten sich um so intensiver den theologischen Studien an der Universität, und wegen dieses engen Kontaktes zur Universität wurde das Kloster in Paris schon bald zum Ausbildungszentrum für den Nachwuchs des Ordens. Zudem brachte es dieser Kontakt zur Universität mit sich, daß die Brüder, die in ihrer eigenen Kapelle nicht predigen durften, unter den jungen Theologiestudenten der Universität Mitglieder für den Predigerorden gewannen. Schon ein Jahr später konnten die ersten Brüder zu einer Neugründung nach Orléans ausgesandt werden. Eine Aufhebung des Predigtverbotes konnte auch Dominikus nicht erreichen, aber andere Klöster erklärten sich bereit, die Brüder in ihren Kirchen predigen zu lassen.

Schon wenige Wochen später zog Dominikus nach Bologna weiter. Dort hatte sich unter der Leitung des Bruders Reginald von Orléans in kurzer Zeit aus dem armseligen Hospiz ein Kloster neben der Kirche S. Niccolò entwickelt. Ähnlich wie in Paris waren es vor allem junge Studenten der Universität, die in den Orden eintraten, aber auch mehrere Professoren schlossen sich ihm an, die nun ihrerseits unter den Studenten für den Orden warben. Natürlich gab es in einer so rasch anwachsenden und recht bunt zusammengewürfelten Kommunität auch Krisen. Manche der jungen Leute, die in ihrer ersten Begeisterung eingetreten waren, kapitulierten vor den strengen Forderungen der apostolischen Armut; und gelegentlich mußte Reginald seine ganze Beredsamkeit aufwenden, um ein Auseinanderlaufen der Kommunität zu verhindern.

Dominikus beschloß, von nun an ständig in Bologna zu „wohnen". Jordan nennt als Grund die Fürsorge um die vielen jungen Mitbrüder in dieser Kommunität. Andere Gründe mögen

mitgespielt haben, nicht zuletzt auch der Zustand seiner Gesundheit. Wie wir wissen, quälte ihn schon seit Jahren ein Magen- und Darmleiden. Er sprach zwar nicht darüber, lebte weiter asketisch und verbrachte viele Nachtstunden betend in der Kirche. Aber die Strapazen langer Fußmärsche und die fast immer unregelmäßige Lebensweise auf diesen Reisen verschlechterten zwangsläufig seinen Zustand. Weil die Situation in Paris nach wie vor schwierig war, schickte er Bruder Reginald dorthin, wohl auch in der Hoffnung, daß Reginald als Franzose am besten geeignet sei, die vorhandenen Widerstände zu überwinden, zumal er vor seinem Eintritt in den Orden Professor an der Pariser Universität und Dekan in Orléans gewesen war. Aber Reginald starb schon kurze Zeit nach seiner Ankunft in Paris.

Reginald gehörte zu den wenigen persönlichen Freunden, die Dominikus hatte. Dominikus war offensichtlich einer jener im Mittelalter häufiger anzutreffenden Heiligen, die ihre persönlichen Probleme fast ausschließlich mit Gott „besprachen" und kaum mit anderen Menschen. Zudem drängte ihn seine Aufgabe als Ordensgründer und Leiter des Ordens in eine dominierende Rolle, die auch darin bestand, stets der Gebende sein zu müssen und kaum einmal der Nehmende sein zu dürfen. Eine solche Position schließt zwar Freundschaften nicht aus, macht sie aber schwieriger als unter Gleichgestellten. Aber so wie es eine Freundschaft zwischen dem älteren Bischof Diego und dem jungen Subprior Dominikus gab, kam es auch zu einer Freundschaft zwischen Dominikus als dem unbestrittenen Oberen des Ordens und Reginald von Orléans. Reginald war, wie schon erwähnt, Dekan in Orléans und Professor für kanonisches Recht gewesen, bevor er von Dominikus während eines Aufenthaltes in Rom für den Orden gewonnen wurde. Dominikus hat, wie Jordan berichtet, von den wunderbaren Ereignissen, die zum Eintritt Reginalds in den Orden führten, seinen Mitbrüdern oft und ausführlich erzählt; wohl auch ein Zeichen für die persönliche Verbundenheit zwischen Dominikus und Reginald.

Reginald war nicht nur ein ausgezeichneter Theologe, sondern ebenso ein herausragender Prediger, der in Bologna seine Zuhörer mitzureißen wußte. Jordan spricht von ihm als einem „neuen Elias", der „ganz Bologna in Erregung versetzte". Von den Studenten, die er in Bologna für den Orden gewonnen hatte, wurde er geliebt und verehrt; und als ihn Dominikus schweren Herzens nach Paris schickte, „weinten die jungen Mitbrüder", wie Jordan schreibt, „da sie so rasch von der liebevollen Brust der gewohnten Mutter losgerissen wurden". Diese Ausdrucksweise mag uns heute allzu blumig erscheinen, aber sie charakterisiert jene Liebenswürdigkeit, über die Reginald als ein besonderes Charisma verfügte. Als ein Mitbruder, so berichtet Jordan, „der ihn noch in der Welt in Würden und feiner Lebensweise gekannt hatte, ihn mehrmals in Bewunderung fragte: Magister, ist es Euch nicht zuwider, daß Ihr dieses Ordenskleid angenommen habt?, erwiderte Reginald: Ich glaube, daß ich in diesem Orden keine Verdienste erworben habe, denn allzusehr hat es mir in ihm gefallen." Auf dem Grabmal des Dominikus hat Pisano diese Freundschaft zwischen Dominikus und Reginald in jener Darstellung verewigt, die zeigt, wie Reginald in die Hände des Dominikus seine Profeß ablegt.

Aber nicht nur Reginald, auch Dominikus verließ schon bald wieder Bologna und machte sich auf den Weg nach Viterbo, wo der Päpstliche Hof wegen einer Revolte in Rom residierte, um weitere Unterstützung des Papstes für den Orden, besonders auch für das Kloster in Paris, zu erlangen. Papst Honorius gewährte alle Bitten, ließ weitere Empfehlungsschreiben an die Bischöfe ausstellen, die sofort kopiert und verschickt wurden, und veranlaßte schließlich auch, daß die Brüder in Paris in ihrer Kapelle öffentlich predigen durften. Dominikus blieb länger in Viterbo und Rom, als wohl ursprünglich beabsichtigt, und seine Kontakte zum Papst wurden im Laufe der Monate immer enger und vertrauter. Honorius III. besaß sicherlich nicht die politischen Fähigkeiten seines Vorgängers Innozenz und entwickelte keine Konzeption der Kirchenreform wie Innozenz auf dem Vierten Laterankonzil. Aber er drängte behutsam und zäh auf die Verwirklichung dieses Reformplanes. Deshalb war er für die Vorstellungen des Dominikus nicht nur aufgeschlossen, sondern unterstützte sie, wo er nur konnte. Zur Verwirklichung dieser Reform übertrug er ihm eine zusätzliche Aufgabe, zu der sich Dominikus sicherlich nicht gedrängt hat, die aber seinen Intentionen entsprach, nämlich die Reform einiger Frauenklöster in Rom.

Es handelte sich um Klöster, die wirtschaftlich und religiös in einen desolaten Zustand geraten waren. Dominikus entwickelte den Plan, die Schwestern verschiedener Klöster gemeinsam in S. Sisto anzusiedeln, einem Kloster, das ihm wenige Monate zuvor Papst Honorius III. überlassen hatte und das inzwischen von einigen Brüdern in mühevoller Arbeit wieder bewohnbar gemacht worden war. Verständlicherweise gab es erheblichen Widerstand unter den Schwestern, da es um die Aufgabe altehrwürdiger Konvente ging, deren Mitglieder zum Teil aus dem römischen Adel stammten. Zudem lag das Kloster S. Sisto in einer klimatisch ungünstigen Gegend Roms, und auch der Plan des Dominikus, Schwestern aus Prouille nach S. Sisto als „Garanten" für die geplante Reform in das neue Kloster zu holen, mußte auf wenig Gegenliebe stoßen. Aber Dominikus gelang es, durch geistliche Vorträge und Predigten während der Fastenzeit die Schwestern von der Notwendigkeit dieses Schrittes zu überzeugen, auch wenn es ihnen schwerfallen mochte, die Last der bisher ungewohnten Klausur auf sich zu nehmen. Zwar gab es heftige Proteste der Verwandten, die schließlich sogar versuchten, die Schwestern mit Gewalt an der Übersiedlung zu hindern, aber im April 1220 konnte Dominikus die letzte Gruppe der Schwestern in die Klausur aufnehmen.

Auch diese Übersiedlung ist mit einer Legende verbunden. Die Schwestern des Klosters in Tempulo besaßen ein ehrwürdiges Madonnenbild, von dem die Legende sagt, daß es vom heiligen Lukas gemalt worden sei. Und diese Legende berichtet ferner, daß sich das Bild nie an einen anderen Ort bringen ließe. Die Schwestern stellten daher die Bedingung, daß sie wieder in ihr altes Kloster zurückkehren dürften, falls sich das wundertätige Bild gegen eine Übersiedlung nach S. Sisto „sträube". Dominikus ging auf diese Bedingung ein, und weil man den Aufruhr der römischen Bevölkerung fürchtete, wurde das Bild während der Nacht in feierlicher Prozession überführt. Es machte keine Anstalten, in die angestammte Kirche zurückzukehren, und so blieben auch die Schwestern in S. Sisto. Heute befindet sich das Bild im Nachfolgekloster der Schwestern von S. Sisto auf dem Monte Mario.

Für die Brüder, die bisher in S. Sisto gewohnt hatten, mußte freilich eine neue Bleibe gesucht werden. Sie fand sich in S. Sabina auf dem Aventin. Neben der ehrwürdigen Basilika aus dem 5. Jahrhundert konnten die Brüder ein bescheidenes Kloster errichten. Heute ist dieses Kloster Sitz des Ordensmeisters der Predigerbrüder, und kaum einer der vielen Dominikaner, die im Laufe ihres Ordenslebens Rom besuchen, wird es versäumen, in der engen und niedrigen Zelle, die Dominikus während seines Aufenthaltes in Rom als Nachtquartier diente, zu beten.

Tod in Bologna

Eine andere Aufgabe, die der Papst Dominikus übertrug, bestand in der Organisation und Durchführung einer Predigtmission in der Lombardei. Papst Honorius verschickte Briefe an Klöster und Abteien in Italien mit der Aufforderung, Prediger für diese Verkündigung zur Verfügung zu stellen, und ernannte Dominikus zum Leiter der Mission. Es ging auch hier, ähnlich wie beim Predigtwerk in Südfrankreich, um die Rückgewinnung der Katharer und Waldenser. So wanderte Dominikus in den Jahren 1220 und 1221 fast unablässig durch die Regionen Norditaliens und predigte. Über den „Erfolg" dieser Mission wissen wir so gut wie nichts. Sie war sicherlich ebenso schwierig wie jene in Südfrankreich, und „Massenbekehrungen" waren nicht zu erwarten. Im Grunde hätte wohl auch ein anderer diese Predigtmission organisieren und leiten können. Aber Dominikus galt an der Kurie als „Experte" für alle Probleme, die mit der Predigt zusammenhingen. Seiner Gesundheit freilich hat dieses erneute Wanderleben mit seinen physischen Strapazen schwer zugesetzt. Die Schwächeanfälle häuften sich, und zeitweilig konnte er nur Gemüse und Kräutersud zu sich nehmen.

Als er im Mai 1221 zum zweiten Generalkapitel des Ordens nach Bologna zurückkam, war er ein todkranker Mann, der nur noch wenige Monate zu leben hatte. Aber er ließ sich, wie immer, kaum etwas anmerken und schonte sich nicht. Seine Mitbrüder berichteten später, daß er sich selbst fast nie von einer der strengen Observanzen dispensierte, während er für Kranke und abgearbeitete Brüder mit Dispensen großzügig war. Denn diese Observanzen waren dem Zweck des Ordens, der Verkündigung, ein- und untergeordnet und nicht Zweck in sich selbst. Das kam deutlich durch den Beschluß des ersten Generalkapitels in Bologna vom Jahre 1220 zum Ausdruck, in dem es heißt, „daß der Obere in seinem Kloster die Macht hat, die Brüder zu dispensieren, sooft es ihm angebracht erscheint, hauptsächlich in dem, was ein Hindernis für das Studium, die Verkündigung und das Heil der Seelen sein könnte". Verfehlungen einzelner Brüder gegen die Observanzen pflegte Dominikus zwar unnachsichtig zu tadeln und verhängte die vorgesehenen Bußen, aber er handelte dabei nie im Zorn, sondern ermahnte den Bruder unter „vier Augen".

Nur einmal ist er wohl wirklich zornig geworden. Als er von einer seiner Predigtreisen nach Bologna zurückkehrte, stellte er fest, daß man bei Umbauten im Konvent damit begonnen hatte, die Zellen der Brüder zu vergrößern. Er ließ sofort den dafür verantwortlichen Bruder zu sich kommen und befahl ihm, den Neubau wieder einzureißen. Hier ging es nicht um die persönlichen Schwächen eines einzelnen, sondern um die Gefahr für die Kommunität, vom Grundsatz der apostolischen Armut abzuweichen.

Diese Frage der gemeinsamen apostolischen Armut hatte bereits auf dem ersten Generalkapitel zu der Entschließung geführt: „Es dürfen weder Besitztümer noch irgendeine Art von Einkünften angenommen werden." Dies bedeutete freilich nicht, daß man zur Gründung eines Klosters kein Hauseigentum annehmen durfte. Auch Dominikus hat es häufig getan. Das Verbot bezog sich auf Besitz als „Rente" und auf feste Einkünfte, von denen ein Kloster leben konnte. Nicht nur die einzelnen Brüder, auch die Kommunität sollten von Almosen leben. In diese Vorstellung von apostolischer Armut paßten keine „aufwendigen Bauten", deren Unterhalt die Kommunität finanziell belastete und der Bevölkerung Anlaß zum Ärgernis werden konnten.

Man kann sagen, daß der schwerkranke Dominikus auf dem zweiten Generalkapitel „sein Haus bestellte". Er tat dies auf eine für ihn typische Weise: durch die Delegation von Vollmachten, die er bisher als Prior und Magister des Ordens alleine innehatte. Auf dem Kapitel wurde das Amt des Provinz-Priors geschaffen, nachdem jeweils mehrere Klöster einer Region zu einer Provinz zusammengeschlossen worden waren. Der Provinz-Prior sollte, wie es in der entsprechenden Konstitution des Kapitels heißt, „die gleiche Vollmacht innehaben wie der Meister des Ordens, und die Angehörigen der Provinz erweisen ihm die gleiche Ehre wie dem Meister des Ordens".

Wir kennen nur den Namen eines der ersten Provinziale des Ordens, nämlich den Jordans von Sachsen, der zum Provinzial der Klöster in der Lombardei bestellt wurde. Er schreibt in seiner ungezwungenen Art: „Ich hatte damals erst ein Jahr im Orden verlebt und war noch nicht so tief verwurzelt, als es nötig gewesen wäre. So mußte ich schon andere als Vorgesetzter leiten, bevor ich noch gelernt hatte, meine eigenen Unvollkommenheiten zu beherrschen." Und fast entschuldigend für die Annahme dieses Amtes fügt er hinzu: „Und dabei war ich auf diesem Kapitel gar nicht anwesend." Wenige Monate nach dem Tode des heiligen Dominikus wählten ihn die Brüder auf dem Generalkapitel in Paris als dessen Nachfolger.

Wer in Jordans „Büchlein von den Anfängen des Ordens" oder in seinen Briefen an die Schwestern des Dominikanerinnenklosters S. Agnese in Bologna liest, wird sofort von dieser feinsinnigen und liebenswürdigen Persönlichkeit fasziniert. Darin glich er dem früh verstorbenen Bruder Reginald von Orléans, der den jungen Magister artium aus dem östlichen Westfalen in den Orden aufgenommen hatte. Bis zu seinem Tode im Jahre 1237 wirkte er unermüdlich für die Ausbreitung und die organisatorische Festigung des Ordens. Aber vor allem war er das, was mit dem Ausdruck „begnadeter Prediger" nur unvollkommen umschrieben werden kann, und übte besonders auf die Studenten in Paris und Bologna eine heute kaum vorstellbare Anziehungskraft aus. Gérard de Frachet berichtet in seiner Lebensbeschreibung der Predigerbrüder: Jordan „verbrachte häufig die ganze Fastenzeit einmal in Paris, ein andermal in Bologna. Wenn er sich an diesen Orten aufhielt, glichen die Konvente geradezu einem Bienenstock. Denn viele (der Zuhörer seiner Predigten) traten in den Orden ein, und viele von ihnen sandte er gleich in die einzelnen Provinzen." Wie Frachet weiter erzählt, konnten manchmal gar nicht genügend Habite aufgetrieben werden, um alle, die in den Orden eintreten wollten, einzukleiden. Fra Angelico hat ihm im „Stammbaum des Predigerordens" auf dem großen Fresko im Kapitelsaal des Klosters S. Marco in Florenz ein künstlerisches Denkmal gesetzt.

Nach Abschluß des Kapitels nahm Dominikus seine gewohnten Arbeiten wieder auf: Er verhandelte intensiv über die Gründung eines Schwesternklosters in Bologna und zog zum Predigen in die Lombardei. Aber als er Ende Juli erschöpft nach Bologna zurückkehrte, brach er von den Fieberanfällen und Leibschmerzen geschüttelt zusammen. Zwar konnte er sich noch einmal aufraffen, um an den Verhandlungen über die Gründung des Schwesternklosters teilzunehmen, doch Anfang August mußte er sich der Krankheit fügen. Auf einer Matratze in einer

Ecke des Schlafsaals liegend, erwartete er betend und meditierend das Ende. Wenn die Fieberanfälle nachließen, sprach er mit dem Bruder, der ihn pflegte, oder mit den Novizen, die ihn besuchten. Die Mitbrüder schienen die Hoffnung auf eine Besserung noch nicht aufgegeben zu haben und überführten ihn aus der stickigen Hitze Bolognas in das außerhalb der Stadt gelegene Benediktinerpriorat auf dem Monte Mario. Aber auch dieser gutgemeinte Liebesdienst blieb vergeblich. Am Morgen des 6. August kamen die Brüder von S. Niccolò auf den Monte Mario, und Dominikus legte vor den Priestern der Kommunität eine Generalbeichte ab, aus der sie erstmalig erfuhren, daß er niemals in seinem Leben eine geschlechtliche Beziehung hatte. Als die Brüder sich wieder zurückgezogen hatten und nur der Prior Bruder Ventura bei ihm war, sagte Dominikus zu ihm: „Ich habe übel daran getan, vor den Brüdern von meiner Jungfräulichkeit zu sprechen. Ich hätte es nicht tun sollen." Er, der nie über sich selbst sprach, sich nie als ein Vorbild darstellte, konnte es sich nicht verzeihen, in der Stunde seines Todes aus dieser Reserve herausgegangen zu sein.

Während ihm die Krankensalbung gespendet wurde, kam es zu einem Zwischenfall, der heute eher peinlich wirkt, aber aus dem kirchenrechtlichen Denken der damaligen Zeit verständlich ist. Der diensthabende Mönch der Prioratskapelle erklärte nämlich, daß Dominikus in der Kirche des Priorates begraben werden müsse, falls er im Kloster stürbe. Das war, wie gesagt, rechtlich korrekt. Aber verständlicherweise wollten sich die Brüder darauf nicht einlassen. So wurde der Sterbende auf einer Bahre in das Kloster S. Niccolò zurückgetragen und in die Zelle eines Bruders gebettet, da er selbst keine eigene Zelle hatte. Dort starb er, umgeben von seinen Brüdern, am Abend des 6. August 1221. Als seine letzten Worte überliefert die Ordenstradition den Satz: „Weinet nicht! Nach meinem Tode kann ich euch nützlicher sein und euch mehr Segen bringen als während meines Lebens."

Wie vom Anfang seines Lebens gibt es auch von seinem Tode eine Legende, die Jordan von Sachsen abschließend berichtet: „Am gleichen Tage und zur gleichen Stunde seines Todes war Bruder Guala, der Prior von Brescia und spätere Bischof dieser Stadt, in der Glockenstube der Brüder von Brescia, etwas ruhend, in einen leichten Schlaf verfallen. Da schaute er gleichsam eine Öffnung im Himmel, durch die zwei leuchtende Leitern herabgelassen waren, deren eine am obersten Ende Christus hielt, die andere seine Mutter. Auf beiden Leitern – auf- und niedersteigend – liefen Engel hin und her. Am untersten Teil der Leitern, mitten zwischen ihnen, war ein Sitz angebracht, auf dem Sitz saß einer wie ein Bruder aus dem Orden, das Gesicht verdeckt mit der Kapuze, wie es bei der Beerdigung unserer Toten Brauch ist. Christus, der Herr, und seine Mutter zogen allmählich die Leitern zu sich empor, bis der, der am untersten Ende seinen Platz hatte, ganz oben ankam. Als er dann in unermeßlichem Glanz unter dem Gesang der Engel in den Himmel aufgenommen war, wurde jene strahlende Öffnung des Himmels wieder geschlossen, und es erschien weiter nichts mehr. Der Bruder, der dies gesehen hatte, war sehr schwach und kraftlos gewesen, erhielt aber sogleich seine Kräfte wieder und machte sich eilends auf den Weg nach Bologna. Dort erfuhr er, daß der Diener Christi Dominikus am gleichen Tage und zur gleichen Stunde des Tages gestorben war."

Dominikanische Porträts

Albert der Große und Thomas von Aquin

In Dantes „Göttlicher Komödie" begegnet der Dichter auf seinem Gang durch das Paradies zwei Dominikanern. Der eine stellt den anderen und dann sich selber vor:

„Zur Rechten hier mein nächster Nachbar war
ein brüderlicher Lehrer mir,
Albert von Köln. Ich selbst bin Thomas
von Aquino."

Dieses Bild stand im Mittelalter den Menschen vor Augen, wenn von Albert und Thomas die Rede war. Die Lehrer-Schüler-Beziehung begann im Jahre 1248, als der etwa dreiundzwanzigjährige Thomas von Aquin in den Studienkonvent nach Köln versetzt wurde. Diese damals ganz ungewöhnliche Transferierung erschien der Ordensleitung notwendig, um weiteren Ärger mit den Grafen von Aquino zu vermeiden. Die Familie hatte zwar Thomas für den Klerikerstand bestimmt, ihn bei den Benediktinern in Montecassino erziehen lassen und zum weiteren Studium nach Neapel geschickt. Als er aber in den dortigen Konvent der Predigerbrüder als Novize eintrat, gab es Widerstand; denn man hatte sich seine „Karriere" als Kleriker anders vorgestellt. Daher wurde er bei passender Gelegenheit von seinen älteren Brüdern entführt und kurzerhand auf familieneigenen Burgen gefangengehalten, um ihn von seinem Vorsatz, Dominikaner zu werden, abzubringen. Erst nach einem Jahr gab die Familie nach und ließ ihn frei. Die Ordensoberen schickten ihn sofort aus Italien weg, vielleicht zuerst zum Studium nach Paris, wahrscheinlich aber gleich nach Köln.

Zu dieser Zeit war Albert nach mittelalterlichen Vorstellungen fast schon ein alter Mann, nämlich hoch in den Fünfzigerjahren. Denn Albert gehörte noch zu jenen Ordensmitgliedern, die von Jordan von Sachsen, dem Nachfolger des heiligen Dominikus im Amt des Ordensmagisters, persönlich für den Orden gewonnen und eingekleidet worden waren. Das war 1229 in Padua geschehen, wo Albert als auch schon nicht mehr jüngster unter den Studenten an der dortigen Universität studierte. Man tut Albert sicherlich kein Unrecht, wenn man den bedächtigen Beamtensohn aus dem schwäbischen Lauingen als einen „Spätentwickler" bezeichnet, der seine Zeit brauchte, um sich zurechtzufinden.

Das galt auch für seinen Ordenseintritt. Er ging zwar schon längere Zeit im Dominikanerkloster von Padua ein und aus, trug sich auch mit dem Gedanken, einzutreten, konnte sich aber nicht so recht entschließen, weil er befürchtete, das strenge Ordensleben nicht durchzuhalten. Dann aber kam der unermüdliche Jordan von Sachsen und überzeugte ihn. Albert selbst hat seine Berufungsgeschichte oft erzählt, und sein Mitbruder Gérard de Frachet hat sie dann in seinem „Leben der Brüder" aufgezeichnet: „Eines Nachts hatte er (Albert) einen Traum: Er war in den Orden der Predigerbrüder eingetreten, hatte ihn dann aber schon bald wieder verlassen. Als er aufwachte, freute er sich, daß er das Ordenskleid nicht genommen hatte, und sprach bei sich: ‚Nun sehe ich, daß meine Befürchtung berechtigt ist, wenn ich Predigerbruder würde.' " Dann berichtet Frachet weiter, daß Albert am gleichen Tage eine Predigt Jordans hörte, in der dieser genau auf das Problem Alberts einging und die Befürchtungen, nicht durchhalten zu können, als eine Versuchung des Teufels deutete. Und Frachet schreibt: „Der junge Albert war über diese Worte bestürzt. Nach der Predigt ging er zu Jordan und fragte: ‚Meister, wer hat Euch mein Herz offenbart?' Und er erzählte von seinen Plänen und von seinem Traum. Aber der Ordensmeister antwortete voll Zuversicht: ‚Ich verspreche dir, mein Sohn, wenn du in unseren Orden eintrittst, wirst du ihn niemals verlassen.' Mehrmals wiederholte er diese Worte. Albert aber wandte sich auf diese bestimmte Versicherung hin von ganzem Herzen dem Predigerorden zu und trat sofort ins Kloster ein."

Er wurde, wie es damals üblich war, in seine Heimat nach Deutschland geschickt, absolvierte im Kölner Kloster das Noviziat und das theologische Studium und wurde dann zum Priester geweiht. Anschließend schickte man ihn als Lektor in verschiedene neugegründete Klöster der deutschen Ordensprovinz. Denn die Konstitutionen des Ordens bestimmten, daß kein neues Kloster gegründet werden dürfe, das nicht einen solchen Lektor besitze. Seine Aufgabe bestand darin, die Mitbrüder theologisch weiterzubilden; und alle Brüder, auch der Prior, waren verpflichtet, an den Kursen des Lektors teilzunehmen. Dabei ging es nicht um hohe theologische Spekulation, sondern – wie wir heute sagen würden – um eine „theologische Handreichung" für die Seelsorge. Da es offensichtlich in der deutschen Provinz erst wenige solcher Lektoren gab, wirkte Albert nacheinander in den Klöstern von Hildesheim, Regensburg, Freiburg und Straßburg. In dieser Zeit zwischen 1234 und 1242 entstanden seine ersten Schriften; darunter der Anfang einer Tugendlehre und vor allem eines seiner populärsten Werke, das „Marienlob".

Im Jahre 1242 wurde er vom Ordensmagister an die theologische Fakultät von Paris geschickt, um dort als Bakkalaureus zu dozieren und den Magistergrad zu erwerben. Der Bakkalaureus – etwa vergleichbar mit dem heutigen Assistenzprofessor – hatte die Aufgabe, eine fortlaufende Vorlesung über die Heilige Schrift zu halten, um dann im folgenden Jahr das Hauptwerk der mittelalterlichen Theologie, nämlich den Sentenzenkommentar des Petrus Lombardus, mit den Theologiestudenten durchzunehmen. Beide Vorlesungen standen unter der Anleitung des Magisters, dessen Position der des heutigen Professors entsprach. Am Ende seiner Tätigkeit als Bakkalaureus legte Albert sein Magisterexamen ab und übernahm 1245 einen der beiden theologischen Lehrstühle, die dem Orden in Paris zustanden. Diese Lehrstühle wurden für jeweils drei Jahre vergeben, damit möglichst viele und befähigte Mitglieder des Ordens eine Gelegenheit zum Dozieren erhalten sollten. Wie im Hochmittelalter üblich, fanden die Vorlesungen im „Hause" des jeweiligen Professors statt, der für die notwendigen Räumlichkeiten zu sorgen hatte. Aus zeitgenössischen Berichten erfahren wir, daß die vorgesehenen Räume im Kloster St-Jacques sehr bald zu klein wurden, denn immer mehr Studenten drängten sich in Alberts Vorlesungen.

Manche seiner vielleicht auch etwas neidischen Kollegen bezeichneten ihn als einen „Neuerer", womit sie freilich nicht unrecht hatten. Denn Albert bezog die Schriften des Aristoteles in seine Vorlesungen mit ein. Das war ein für die damalige Zeit gewagtes Unterfangen, denn der päpstliche Legat in Paris hatte im Jahre 1215 die Benutzung der naturwissenschaftlichen Schriften und der „Metaphysik" des Aristoteles für die Vorlesungen an der theologischen Fakultät verboten, und Papst Gregor IX. hatte dieses Verbot 1231 erneuert, zugleich aber eine

Kommission eingesetzt, die die naturwissenschaftlichen Schriften des Aristoteles überprüfen sollte. Doch war in dieser Hinsicht bisher kaum etwas geschehen. Albert machte sich nun an diese Aufgabe, die auch seinen persönlichen naturwissenschaftlichen Neigungen entsprach. Obwohl die vorliegenden lateinischen Übersetzungen noch recht mangelhaft waren, gelang ihm das, was wir heute den Einbau der aristotelischen Philosophie in die scholastische Theologie nennen.

Dabei ging er unbefangen und unvoreingenommen vor. So etwa, wenn er schreibt: „Wir haben in den Naturwissenschaften nicht zu erforschen, wie Gott, der Schöpfer, gemäß seinem freien Willen das von ihm Geschaffene zu Wundern gebraucht, in denen er seine Allmacht offenbart. Wir haben vielmehr zu untersuchen, was in der Natur durch die in den Dingen der Natur zugehörige Kausalität auf natürliche Weise geschehen kann." Und an einer anderen Stelle heißt es kurz und bündig: „Ich habe nichts mit Wundern zu tun, wenn ich Naturwissenschaft betreibe." Ebenso machte er sich eigene Gedanken über empirische Untersuchungen: „Viel Zeit ist erforderlich, um festzustellen, daß bei einer Beobachtung alle Täuschung ausgeschlossen ist. Es genügt nicht, die Beobachtung nur auf eine bestimmte Weise anzustellen. Man muß sie vielmehr unter den verschiedensten Umständen wiederholen, damit die wahre Ursache der Erscheinung mit Sicherheit ermittelt werden kann." Diese „empirische Methode" ist heute selbstverständlich, aber für die damalige Zeit, die hinter jeder außergewöhnlichen Erscheinung in der Natur sofort ein „Wunder" als unmittelbares Eingreifen Gottes vermutete, bedeutete sie eine kühne Neuerung.

In den drei Jahren seines Pariser Aufenthaltes entstanden Alberts erste philosophische Schriften, der Anfang eines großen Werkes, das ihn bis zu seinem Tode beschäftigen sollte und an dem er ständig arbeitete.

Von Paris kehrte Albert 1248 nach Köln zurück, um dort das Generalstudium des Ordens zu leiten. Neben der Organisation beanspruchte ihn vor allem die Lehrtätigkeit in der Theologie und Philosophie. Und unter den Studenten des Ordens, die aus allen Ländern in Köln zusammenkamen, saß auch Thomas von Aquin. Wie damals üblich, schrieb er die Vorlesungen Alberts mit, und wir besitzen noch eine der Nachschriften von der Hand des heiligen Thomas: schwer leserlich und abgenutzt, denn er hat sie ständig mit sich geführt. Thomas hat zwar in seinen Werken nie mit einem persönlichen Wort auf das, was er Albert verdankte, angespielt. Das lag seiner eher verschlossenen Art fern. Aber er zitierte ihn nicht nur oft, sondern stellte ihn als wissenschaftliche Autorität gelegentlich gleichrangig neben berühmte Autoren der Tradition: das höchste Lob, das damals einem zeitgenössischen Autor zuteil werden konnte. Vor allem aber hat Thomas von Albert jene selbstverständliche Unbefangenheit im Umgang mit den Naturwissenschaften und mit der Philosophie übernommen, die seinen Lehrer kennzeichnete. So schrieb Thomas ein paar Jahre später: „Die Wahrheit unseres Glaubens wird dem Ungläubigen zum Gespött, wenn ein mit den nötigen wissenschaftlichen Kenntnissen nicht ausgestatteter Katholik etwas für einen Glaubenssatz ausgibt, was in Wirklichkeit keiner ist und sich im Lichte einer streng wissenschaftlichen Prüfung als Irrtum erweist." Diesen Satz hätte auch Albert schreiben können, denn er war aus seinem Geist formuliert.

Albert hat die wissenschaftlichen Fähigkeiten seines Schülers offenbar früh erkannt. Es gibt darüber eine jener Anekdoten, die in der Anfangszeit des Ordens so reich flossen. Die Mitstudenten des Thomas nannten ihn wegen seines schweigsamen und zurückgezogenen Verhaltens einen „stummen Ochsen". Eine Version dieser Anekdote lautet: „Da nun Albert nach Köln kam, besuchte er die Zellen der Studenten und fand in der Zelle des Thomas ein Papier, das mit gelehrten Dingen beschrieben war. Da fragte der Meister, wer denn auf dieser Zelle wohne. Die Studenten antworteten: ‚Da wohnt der »stumme Ochse«'. Da meinte Albert: ‚Er wird einmal so laut brüllen, daß die Christenheit durch ihn reich wird an Wissenschaft und Lehre.' "

Bald fand Albert Gelegenheit, Thomas näher kennenzulernen, und er war es dann auch, der ihn als Bakkalaureus an die Pariser Fakultät empfahl und seine Berufung gegen Widerstände durchsetzte. Ähnlich wie sein Lehrer einige Jahre zuvor hielt Thomas in den Jahren 1252 bis 1255 Vorlesungen über den Sentenzenkommentar des Petrus Lombardus und übernahm nach seiner Ernennung zum Magister in Sacra Theologia 1256 für drei Jahre einen der beiden theologischen Lehrstühle. Und ganz ähnlich wie bei Albert datiert aus diesen Jahren der Lehrtätigkeit eine Reihe von Schriften: so sein Kommentar zu den Sentenzen, das frühe philosophische Hauptwerk „Vom Sein und vom Wesen" und Teile der „Summe wider die Heiden". Und geradeso wie Albert nach seiner Pariser Lehrtätigkeit nach Deutschland zurückkehrte, ging auch Thomas von Paris nach Italien zurück; freilich zunächst nicht als Professor an ein Studienhaus des Ordens, sondern in der Funktion eines theologischen Beraters an den Hof Urbans IV. nach Orvieto. Dort konnte er vor allem auch weiterschreiben, die „Summe wider die Heiden" vollenden sowie Kommentare zum Römer- und zum ersten Korintherbrief. Aber in Orvieto entstand auch sein wohl populärstes „Werk", nämlich der Meßtext zum neugeschaffenen Fronleichnamsfest mit dem Hymnus „Pange, lingua". Dieser Hymnus stellt nicht nur eine Verherrlichung des Altarssakramentes dar, sondern ist zusammen mit dem Hymnus „Adoro Te devote" zugleich Ausdruck der ganz persönlichen eucharistischen Verehrung des heiligen Thomas. Wilhelm von Tocco, einer seiner ersten Biographen, geht in einem eigenen Kapitel auf diese eucharistische Frömmigkeit des Thomas ein: „Täglich nämlich las er eine Messe, wenn ihn nicht Krankheit hinderte, und als zweite hörte er die eines Gefährten oder eines anderen an, wobei er sehr häufig ministrierte. Er pflegte aber auch öfters in der Messe von einer so starken Regung der Hingabe ergriffen zu werden, daß er in Tränen ausbrach, weil er von den heiligen Geheimnissen eines so großen Sakramentes verzehrt und mit seinen Gaben erquickt wurde."

Als Wissenschaftler schrieb Thomas jedoch eher kühl und distanziert; auch und gerade dann, wenn er persönlich engagiert war. Das gilt z. B. für den sog. Mendikantenstreit an der Pariser Universität, von dem Thomas während seiner Lehrtätigkeit in Paris mit betroffen wurde. Denn der Ordensmagister berief ihn 1269 zum zweitenmal auf diesen Lehrstuhl. Schon in einer ersten Schrift hatte er das Recht der Bettelorden, der Dominikaner und Franziskaner, verteidigt, an der theologischen Fakultät lehren zu dürfen. Nun wandte er sich im zweiten Teil seines Hauptwerkes, der „Summa theologiae" nochmals dieser Frage zu und versuchte, sie theologisch zu beantworten. Bei dieser Gelegenheit entwickelte Thomas jene Grundlegung der dominikanischen Spiritualität, die für den Predigerorden bis auf den heutigen Tag maßgeblich ist. Er schreibt: Wenn auch das beschauliche Leben in der Betrachtung Gottes an und für sich

die höchste Form christlicher Existenz ist, weil sie der Anschauung Gottes in der Ewigkeit am nächsten kommt, so erhält andererseits die Nächstenliebe durch das Vorbild Jesu Christi für den Menschen auf Erden einen besonderen Stellenwert. Denn so wie Jesus in der ständigen Anschauung Gottes des Vaters lebte und gleichzeitig als Mensch den Menschen diente, so soll auch der Christ gleichzeitig in der Liebe zu Gott und zu seinen Nächsten leben: in der Betrachtung Gottes und in den Werken der Barmherzigkeit. Diese „Werke der Barmherzigkeit", unter denen nach der Vorstellung der mittelalterlichen Theologie die religiöse Unterweisung durch die Lehre und die Predigt einen hohen Stellenwert besitzen, fließen aus der liebenden Betrachtung Gottes und führen wieder zu dieser Betrachtung zurück. Das gilt dann besonders für die Mitglieder des Predigerordens: sie sollen das, was sie in der Betrachtung Gottes erfahren, ihren Mitmenschen durch Lehren und Predigen weiterschenken: „contemplata aliis tradere".

Thomas selbst hat auf diese Weise gelebt. Der bereits zitierte Wilhelm von Tocco schreibt: „Sooft er (Thomas) studieren, erklären, vorlesen, schreiben oder diktieren wollte, begab er sich im verborgenen zum Gebet. Er betete darum, er möge in Wahrheit die göttlichen Geheimnisse finden. Wenn er in dem, was er erforschte, vor dem Gebet noch im Zweifel war, so kehrte er, durch das Gebet belehrt, wieder an seine Arbeit zurück." Und der noch erhaltene Brief des Heiligen an einen Novizen des Ordens sagt mehr über seine eigene Einstellung, als seitenlange Abhandlungen es vermöchten: „Zeige dich allen gegenüber recht liebenswürdig. Kümmere dich nicht um das Tun und Lassen anderer. Werde mit niemandem allzu vertraut, da zu große Vertraulichkeit Verachtung erzeugt und vom Studium ablenkt . . . Achte nicht darauf, von wem du etwas hörst, sondern präge alles Gute, das gesprochen wird, dem Gedächtnis ein. Gib dir Mühe, alles, was du liest und hörst, auch gründlich zu verstehen."

Als Thomas 1272 von Paris nach Italien zurückkehrte, um die Leitung des Ordensstudiums in Neapel zu übernehmen, bemühte er sich vor allem um die Vollendung seiner „Summa theologiae", die für die kommenden Jahrhunderte zum theologischen Handbuch der Studenten werden sollte, und deren zweiten Teil er in Paris fertiggestellt hatte. Dort waren auch die umfangreichen Kommentare zur „Metaphysik" und „Ethik" des Aristoteles entstanden.

Aber sein Hauptwerk sollte unvollendet bleiben. Auf der Reise zum Konzil nach Lyon erkrankte er schwer und ließ sich in die Zisterzienserabtei von Fossanuova bringen. Die Mönche taten alles, um seinen Zustand zu erleichtern: Er wurde in die Zelle des Abtes gelegt, und man schleppte Holz aus dem Wald herbei, um die Zelle zu heizen. Schon dem Tode nahe kommentierte er auf Bitten der Mönche, die um sein Bett standen, das Hohelied des Alten Testamentes, weil, wie Wilhelm von Tocco bemerkt, „die Seele nicht abließ von der notwendigen Lehrtätigkeit". Und er fügte hinzu: „Es war für den Lehrer vor seinem Übergang aus dem Gefängnis des Leibes wohl angemessen, daß sein Studium der Weisheit in dem Hohelied der Liebe des Geliebten und der Geliebten ende, so daß er, wie er seine Wissenschaft auf Gott ausgerichtet hatte, so auch in die Freude der Umarmung des Geliebten gelangte." Thomas starb in Fossanuova am 7. März 1274.

Hätte er noch bis Lyon kommen können, so wäre er dort nach Jahren der Trennung seinem Lehrer Albert begegnet, der als Achtzigjähriger an diesem Konzil teilnahm. Im Unterschied zu Thomas hatte Albert in den Jahrzehnten zwischen 1248 und 1274 eine Reihe von Führungsaufgaben im Orden und in der Kirche übernommen. In den Jahren von 1254 bis 1257 war er

Provinzial der deutschen Provinz, die sich damals von Utrecht bis Riga und von Hamburg bis ins österreichische Friesach erstreckte. Seine Aufgabe als Provinzial bestand vor allem darin, die mehr als 45 Klöster der Predigerbrüder und der Dominikanerinnen zu visitieren. Schon zu Beginn seines Provinzialates hatte er die Regel, daß alle Brüder stets zu Fuß gehen sollten, wieder eingeschärft, und ein Prior, der hoch zu Roß zum Provinzkapitel geritten kam, wurde empfindlich bestraft. Nun wanderte der über Sechzigjährige, von einem Sekretär begleitet, von einem Kloster zum anderen. Wir besitzen keine Berichte über seine Klostervisitationen, dafür aber zwei ebenso wertvolle Dokumente, nämlich seine Bücher „Über die Tiere" und „Über die Pflanzen", in die ganz persönliche Beobachtungen, die er während seiner Wanderungen machte, mit einflossen. Alles, was ihm begegnete, interessierte ihn, und abends in einem Kloster oder in einem Hospiz setzte er sich hin und notierte seine Beobachtungen. Da gibt es zum Beispiel einen anschaulichen Bericht über eine Qualle, die Albert am Strande des Meeres gefunden hatte: „Als wir sie aus dem Wasser zogen, lag sie ganz unbeweglich, verlor ihre Gestalt, floß auseinander wie Eiweiß und fiel ganz zusammen. Als wir sie ins Wasser zurückgaben, stand sie eine Zeitlang im Wasser, gewann dann ihre Halbkugelgestalt wieder zurück und bewegte sich wie vorher in einer Bewegung des Ausdehnens und des Zusammenziehens."

Den abschließenden Höhepunkt dieser Jahre bildete eine Reise an den päpstlichen Hof nach Anagni, wo er vor Papst Alexander IV. den Orden gegen die Angriffe einiger Pariser Universitätsprofessoren verteidigte. Der Papst hielt ihn kurzerhand für einige Monate an seinem Hofe fest und ernannte ihn zum Professor an der päpstlichen Hochschule, an der er dann Vorlesungen über das Evangelium des hl. Johannes und die Pastoralbriefe des Neuen Testamentes hielt.

Aber als er endlich nach Köln in seine Klosterzelle zurückkehren konnte und von der Last des Provinzialates befreit wurde, waren es die Kölner Bürger, die ihn in die „hohe Politik" hineinzogen. Schon einmal, im Jahre 1252, hatte er zwischen den Bürgern der Stadt und dem streitbaren Erzbischof Konrad von Hochstaden als Schiedsrichter vermittelt. Damals ging es vor allem um Zollrechte. Dem zweiten Schiedsspruch vom Jahre 1257 war ein militärischer Kleinkrieg zwischen dem Erzbischof und der Stadt vorausgegangen, den der Erzbischof mit Handelsbeschränkungen und Forderungen nach einer Neuordnung der Stadtverwaltung fortführte. Albert und die anderen Schiedsrichter, die den Rechtsstreit schlichten sollten, brauchten Wochen, um sich in die schwierige Materie einzuarbeiten; denn es gab kaum geschriebenes Recht, dafür aber um so mehr Berufungen auf Gewohnheitsrecht. Wenn es am Ende gelang, die Rechtsansprüche des Erzbischofs und die der Stadt so aufeinander abzustimmen, daß Klarheit darüber bestand, wer was durfte oder nicht durfte, dann war damit ein Maximum des Möglichen erreicht. Offensichtlich war die Stadt so sehr mit der schiedsrichterlichen Tätigkeit Alberts zufrieden, daß er in den folgenden Jahren noch öfter für eine solche Tätigkeit herangezogen wurde. Dabei dürfte er kaum Jura studiert, geschweige denn doziert oder juristische Abhandlungen geschrieben haben. Es war schlicht seine Persönlichkeit, die ihm dieses Amt zutrug. Sein Ruf als „Universalgelehrter" mochte dabei auch eine Rolle spielen, obwohl die biederen Bürger der Stadt, die ihn immer wieder als Schiedsrichter benannten, wohl kaum eines seiner Bücher gelesen haben dürften.

Die Farbbilder der folgenden vier Seiten zeigen:

41 TRIUMPH DES HL. THOMAS VON AQUIN. Thomas (um 1225-1274) sitzt in einer Mandorla als Hoheitszeichen, über ihm thront segnend Christus, darunter Petrus und Paulus und die vier Evangelisten; seitlich stehen die antiken Philosophen Plato und Aristoteles; zu seinen Füßen liegt die Gestalt des arabischen Philosophen Averroes, dessen Lehre Thomas bekämpfte; seitlich blicken Mitglieder des Ordens zum Kirchenlehrer auf. Thomas wurde 1323 heiliggesprochen und 1567 zum Kirchenlehrer erhoben. Tafelbild (14. Jh.) von F. Traini (?). – Pisa, S. Catarina.

42 DER HL. ALBERTUS MAGNUS (um 1193-1280). Er wurde 1931 heiliggesprochen und zum Kirchenlehrer erhoben. Fresko aus dem Stammbuch der Dominikaner unter der großen Kreuzigung (um 1442) des Fra Angelico im Kapitelsaal von S. Marco in Florenz.

43 JORDANUS VON SACHSEN (Ende 12. Jh.-1237). Fresko von Fra Angelico (vgl. Nr. 42).

44 HEINRICH SEUSE (1295-1366). Der Mystiker erblickt im Rosenstrauch Christus, der ihn mit den Rosen des Leidens bekränzt. Gemälde (17. Jh.) vor einer Ansicht der Stadt Konstanz. Papst Gregor XVI. gestattete 1831 seine Verehrung als Seligen. – Konstanz, Kloster Zofingen.

45 SAVONAROLA (1452-1498). Gemälde von Fra Bartolomeo (1472 bis 1517). – Florenz, Museo San Marco.

Mitten in diese Tätigkeiten erreichte ihn die päpstliche Ernennung zum Bischof von Regensburg. Fast noch aufschlußreicher für Alberts Persönlichkeit als die Beschreibung seines nur kurzen Wirkens in Regensburg ist die Lösung eines Zwiespalts, in den Albert durch diese Ernennung geriet. Der Ordensmagister hatte frühzeitig von dem Plan des Papstes gehört und beschwor Albert in einem Brief, das Bischofsamt abzulehnen. Er konnte sich dabei auf Beschlüsse mehrerer Generalkapitel stützen, die die Annahme eines Bischofsamtes nur in Ausnahmefällen gestatteten. Die Motive für das Verbot kommen im Brief des Ordensmagisters deutlich zum Ausdruck: „Wer von uns und allen Mendikanten wird hinfort der Übernahme kirchlicher Würden widerstehen, wenn Ihr jetzt unterliegt?" Und auf die herausragende Persönlichkeit Alberts anspielend: „Wird man nicht vielmehr Euer Beispiel zur Entschuldigung anführen? Welcher Laie wird nicht an Euch und an allen Mendikanten Ärgernis nehmen und sagen, wir liebten nicht die Armut, wir trügen sie nur so lange, bis wir sie abschütteln könnten?" Zum Schluß des Briefes heißt es dann pathetisch: „Lieber sähe ich meinen vielgeliebten Sohn auf der Totenbahre als auf dem Bischofsstuhl."

Die Sorge des eifrigen Humbertus Romanus war berechtigt: ein Bettelmönch als Bischof von Regensburg, der zugleich Reichsfürst war, das konnte nur ein Widerspruch in sich selbst sein. Auf der anderen Seite stand die ebenso berechtigte Sorge des Papstes um den desolaten Zustand der Diözese Regensburg, dessen Bischof einem drohenden Prozeß wegen Verschleuderung des Kirchenguts und anderer schwerwiegender Mißbräuche nur durch seine Abdankung zuvorgekommen war.

Albert entschied sich zur Annahme des Bischofsstuhles, aber zugleich mit der Absicht, dieses Amt sofort zurückzugeben, sobald er nicht mehr benötigt würde. Innerhalb eines Jahres gelang es ihm, die zerrüttete Finanzlage zu ordnen und mit Hilfe einiger Benediktineräbte sowie eigener Visitationsreisen durch die Pfarreien die vernachlässigte Seelsorge neu zu beleben. Für die Bevölkerung war der Anblick eines Bischofs, der nicht als Reichsfürst im Panzer und hoch zu Roß daherkam, sondern einen ungebleichten Habit trug und zu Fuß ging, so ungewöhnlich, daß sie Albert wegen seines primitiven Schuhwerks den Spitznamen „der Bundschuh" gaben. Als Albert im Domdechanten Leo einen befähigten Anwärter für das Bischofsamt gefunden hatte, reiste er 1261 zum Papst nach Anagni, bat um seine Demission und schlug Leo als seinen Nachfolger vor. Der neue Papst Urban IV. nahm den Rücktritt an, und Leo wurde Bischof von Regensburg.

Aber anstatt sich nun, wie beabsichtigt, nach Köln und zu seinen Aristoteleskommentaren zurückziehen zu können, hielt ihn Urban IV. an seinem Hof in Anagni zurück und schickte ihn als päpstlichen Legaten für die Organisation des geplanten Kreuzzugs nach Deutschland. Drei Jahre, von 1261 bis 1264, durchreiste der nun Siebzigjährige das damalige Reichsgebiet deutscher Sprache. Von seinen Kreuzzugspredigten ist nichts erhalten geblieben, wohl aber gibt es Dokumente über viele bischöfliche Amtshandlungen und auch von seiner Tätigkeit als Schiedsrichter zwischen Bischöfen und Städten, Klöstern und Grundherren, Bischöfen und Klöstern und Klöstern untereinander. Mit dem Tode Urbans IV. im Jahre 1264 erlosch auch sein Auftrag als Legat, und Albert zog sich in das Kloster der Predigerbrüder nach Würzburg

zurück, um dort seinen großen Kommentar über das Lukasevangelium zu schreiben. 1267 übersiedelte er in das Studienkloster nach Straßburg, in dem sein Schüler Ulrich von Straßburg lehrte. Sicherlich hat auch Albert dort Vorlesungen gehalten. Aber ähnlich wie in Würzburg wurde er auch in Straßburg immer wieder zum Schiedsrichter in Streitsachen angerufen. Als Fünfundsiebzigjähriger reiste er 1268 bis nach Mecklenburg, um einen Streit zwischen den Johannitern und dem Slawenherzog Barnim zu schlichten. Er selbst hat sich nie zu diesen Aufträgen gedrängt und zog die Stille seiner Zelle in Straßburg vor, zumal da er dort für den Orden wirken konnte. Der Ordensmagister schrieb ihm denn auch 1269 einen Dankesbrief, der mit den Worten schließt: „Für all dies sage ich Euch nach Kräften Dank und bitte Euch, was Ihr lobenswerterweise begonnen, so fortzusetzen, daß es Euch werde zum Verdienst, den Brüdern zur Förderung, allen aber, die es sehen, ein Beispiel."

Doch als ihn kurz darauf die Bitte des Ordensmagisters erreichte, zum zweiten Male den theologischen Lehrstuhl in Paris zu übernehmen, winkte Albert ab. Er wollte nicht mehr in die Pariser Universitätsstreitigkeiten eingreifen, und so wurde Thomas von Aquin berufen.

Aber von längerer Ruhe konnte keine Rede sein. Denn nun kam ein Hilferuf aus der bedrängten Stadt Köln. Albert hatte schon während seiner Zeit als päpstlicher Legat zwischen Erzbischof Engelbert, dem Nachfolger Konrads, und der Stadt vermittelt. Doch diesmal schien die Situation gänzlich verfahren. Engelbert war bei einem Feldzug gegen die Stadt und deren Verbündete gefangengenommen worden und saß auf der Burg Nideggen in der Eifel in Haft. Der eigens vom Papst ernannte Legat hatte ohne Anhörung der Stadt für den Erzbischof Partei ergriffen und dessen Freilassung verlangt. Als sie nicht erfolgte, verhängte er über die Stadt das Interdikt, und diese Maßnahme wurde im August 1270 noch dadurch verschärft, daß jeder Handel mit Kölner Bürgern unter der Strafe der Exkommunikation verboten wurde. Damit war der „Lebensnerv" der Stadt bedroht, und die Durchführung dieses Verbotes hätte den wirtschaftlichen Ruin Kölns bedeutet.

Durch einen der üblichen Schiedssprüche war die verfahrene Situation nicht mehr zu lösen, denn für den Legaten kam nur die völlige Unterwerfung der Stadt in Frage. Albert setzte alles auf eine Karte und begab sich zum gefangenen Erzbischof. Es kam zu einer langen Unterredung unter vier Augen, an deren Ende der Erzbischof einwilligte, seinen Frieden mit der Stadt zu machen. Zeitgenössische Berichte und einige Biographen Alberts mögen übertreiben, wenn sie von einer „Bekehrung" Engelberts sprechen. Dafür war er wohl zu sehr Reichsfürst und zu wenig Bischof. Aber der „Kölner Friede" des Jahres 1271 gab der Stadt ihre angestammten Rechte zurück. Das Dokument trägt auch Alberts Siegel; und was das wichtigste war, der Erzbischof hielt sich an den Vertrag.

Nach Abschluß des „Kölner Friedens" blieb Albert in der Stadt und wohnte im dortigen Konvent der Predigerbrüder, dozierte und schrieb an seinem Kommentar zum Buche Ijob. Aber immer wieder ging er auf Reisen und wurde von den verschiedensten Gremien in der Funktion des Schiedsrichters angerufen. Seine letzte große Reise unternahm der über Achtzigjährige im Jahre 1274 nach Lyon, um dort für die Bestätigung Rudolfs von Habsburg als deutschen König durch den Papst einzutreten.

Erst in den allerletzten Lebensjahren war ihm auch äußerlich Ruhe vergönnt. Er diktierte und hielt noch gelegentlich eine Vorlesung. Über seine letzte Vorlesung gibt es eine Legende, die später verbreitet wurde, um ihn gegen den Vorwurf der Magie und gegen die Meinung abzuschirmen, daß er vor allem Naturwissenschaftler und „heidnischer" Philosoph gewesen sei, die aber zugleich als Wahrheitskern seine ganz persönliche Liebe zur Gottesmutter Maria herausstellt. Während dieser letzten Vorlesung Alberts soll ihn plötzlich sein Gedächtnis verlassen haben, und nach der Legende berichtete Albert seinen Zuhörern von einer Vision, die er in früheren Zeiten gehabt habe: „Was ich im Studium nicht zu erkennen vermochte, fand ich sehr oft im Gebet. Die Gottesmutter und die Mutter der Barmherzigkeit bat ich häufig, ich möchte durch ihre Fürbitte vom Licht der göttlichen Weisheit erleuchtet werden; sie möchte mein Herz in der Festigkeit des Glaubens erhalten, damit ich nicht, in die Philosophie verstrickt, im Glauben an Christus wankend würde. Schließlich erschien mir die gütigste Mutter und tröstete mich: ‚Sei getreu im Studium und beharrlich in der Tugend. Gott will durch deine Wissenschaft die ganze Kirche erleuchten. Damit du aber im Glauben nicht wankest, wird vor deinem Tode alle Philosophie von dir genommen werden. In kindlicher Unschuld und Aufrichtigkeit und in der Wahrheit des Glaubens wird dich Gott von dieser Welt nehmen. Und dies soll dir ein Zeichen sein, daß deine Zeit gekommen ist: in öffentlicher Vorlesung wird dich dein Gedächtnis verlassen.' "

Die letzten Monate vor seinem Tode verbrachte Albert betend und meditierend auf seiner Klosterzelle. Nur gelegentlich kam er, von seinem Sekretär Gottfried gestützt, aus der Zelle und ging zu den Gräbern seiner Mitbrüder. Um sich auf den Tod vorzubereiten, betete er oft das Totenoffizium der Kirche und empfing auch keine Besuche mehr. In einem zeitgenössischen Bericht heißt es: „Von dieser Zeit an war er tot für die Welt . . . Als einmal der Erzbischof ins Kloster kam, um Albert zu besuchen, und an dessen Zellentür klopfte, vernahm er als Antwort dessen Stimme: ‚Bruder Albert ist nicht hier!' Der Erzbischof zog sich wieder zurück und sagte unter Tränen. ‚Wahrlich, Albert ist nicht mehr hier!' " Er starb unter den Gebeten seiner Brüder am 15. November 1280.

Heinrich Seuse

Reinhard Raffalt vergleicht in einem seiner Rombücher die klare und strenge Innenarchitektur der Basilika S. Sabina in Rom mit der ähnlich gearteten Mentalität der Dominikaner, deren Generalat sich im Kloster von S. Sabina befindet. Der Vergleich ist zutreffend, aber überspitzt, denn es gab im Predigerorden nicht nur die klare und strenge Theologie der Hochscholastik, sondern ebenso eine Spiritualität, die sich auf der Grundlage dieser Theologie zur Mystik entfaltete. Einer ihrer bedeutendsten und auch populärsten Repräsentanten ist Heinrich Seuse.

Als der kaum Dreizehnjährige um das Jahr 1308 in das Dominikanerkloster in Konstanz eintrat, war er nicht nur im Sinne des Kirchenrechts, sondern auch von seiner geistig-psychischen Entwicklung her noch zu jung, um diesen Schritt voll verantworten zu können. Er hat viele Jahre darunter gelitten, daß ihn sein vermögender Vater praktisch ins Kloster „einkaufte"; und wenn er später den Namen Seuse – nach dem Geschlecht seiner Mutter – annahm, dann mochte hierbei nicht nur die Liebe zu seiner früh verstorbenen Mutter eine Rolle gespielt haben. Aus seiner Biographie, die die Dominikanerin Elsbeth Stagel nach Mitteilungen Seuses verfaßte, erfahren wir, daß er die ersten fünf Jahre seines Ordenslebens in „ungesammeltem Geiste" verbrachte.

Als Achtzehnjähriger erlebte er seine „geswinde ker", seine Bekehrung in einer Art Vision: ein Gefühl des Verzücktseins, als wäre er schon in der ewigen Seligkeit; „ . . . himmlischer Glanz kam und ging im tiefsten Grund seiner Seele, und ihm war . . . als schwebe er in der Luft." Es kann und soll hier nicht der Versuch gemacht werden, dieses Erlebnis psychologisch zu deuten; etwa mit dem Hinweis, daß er im Verlaufe seines seelischen Reifungsprozesses das Ungenüge seines bisherigen Zustandes erfaßt hätte und nach einem Ausweg suchte. Wichtiger als jeder Erklärungsversuch ist die Tatsache, daß sich Seuses innere Einstellung grundlegend änderte. Als er wenige Zeit später bei der Tischlesung einige Verse aus dem Buch der Sprichwörter des Alten Testamentes hörte, die den Umgang des Menschen mit der „ewigen Weisheit" schilderten, war er von diesen Worten so betroffen, daß er – wie seine Biographin schreibt – „bei sich gedachte: Wie ist es doch wahr! und sprach ohne Zaudern zu sich selbst: ‚Wahrlich, so muß es sein: Sie muß mein Lieb und ich ihr Diener werden.‘ "

Aus diesem Schlüsselerlebnis entfaltete Seuse seine Mystik von der „ewigen Weisheit", die er später in seinem vielgelesenen „Büchlein von der ewigen Weisheit" niederschrieb. Seuse sprach und schrieb von dieser Weisheit in der Art mittelalterlicher Minnesänger. Er nennt sie „hohe Frau", „Kaiserin", „Herzenstraut". Man kann, wenn man will, von geistlicher Liebeslyrik sprechen, wie sie bereits im Hohenlied des Alten Testamentes vorgezeichnet ist. Aber die entscheidende Relation liegt nicht im Begriffspaar Weisheit – Frau, sondern in der Adaptation der Weisheit auf die Person Jesu Christi, wie sie sich gelegentlich in den Schriften des Neuen Testamentes und besonders bei Paulus findet. Die „himmlische Sophia" ist der ewige Sohn des ewigen Vaters, der als personifizierte Weisheit am Schöpfungswerk beteiligt ist, der als Mensch Jesus Christus zum Diener seiner Brüder wurde, für die er litt und starb, um schließlich als der Verherrlichte zur Rechten des Vaters zu thronen.

Von diesem christologischen Zentrum der Sophia-Mystik her wird dann auch jenes spätere Ereignis verständlich, das Elsbeth Stagel als eine Art mystischer Ganzhingabe Seuses und seiner Vereinigung mit Christus beschreibt: „In heiß verlangender Festigkeit schob er sein Schulterkleid zur Seite, machte seine Brust frei, nahm einen Schreibgriffel zur Hand, schaute auf die Stelle, wo sein Herz klopfte, und sprach: ‚Starker Gott, gib mir heute Kraft und Stärke, mein Verlangen auszuführen, denn du sollst heute in den Grund meines Herzens eingegraben werden.‘ Und er begann, mit dem Griffel in das Fleisch über dem Herzen, den Griffel hin- und herführend, auf und ab zu fahren, bis er den Namen IHS genau auf sein Herz gezeichnet hatte." In der Kirche betete er dann: „Herr, du meine und meines Herzens einzige Liebe, schau meines Herzens Grund Verlangen; nicht kann und vermag ich dich noch mehr in mich hineinzuprägen; ach Herr, vollbringe du es, so bitte ich, und präge dich noch tiefer in den Grund meines Herzens und zeichne deinen heiligen Namen so fest in mich, daß du niemals aus meinem Herzen scheidest."

Nach seiner „geswinde ker" begann Seuse mit einer strengen Askese und allen möglichen

Formen von Kasteiungen, an denen er über Jahre festhielt. Zeitweilig trug er ein härenes Unterhemd und eine Kette oder ein Bußhemd mit Messingnägeln, die in seinen Leib eindrangen, so daß schließlich sein Körper mit eiternden Wunden bedeckt war. Nach der Aussage seiner Biographin kasteite er sich sechzehn Jahre lang, und sie beschließt dieses Kapitel mit der Bemerkung: „Als dann sein Blut und seine Natur zugrunde gerichtet waren, da erhielt er zu Pfingsten durch einen himmlischen Boten in einer Erscheinung die Nachricht, daß Gott diese Übung nicht länger von ihm haben wolle. Da ließ er davon ab und warf das gesamt Nagel- und Riemenwerk in ein fließendes Gewässer." Aus späterer Distanz beurteilte Seuse diese in der mittelalterlichen Askese zwar ungewöhnliche, aber auch von anderen Heiligen und Seligen berichtete Kasteiung als ein Durchgangsstadium, warnte aber vor solchen Formen der Askese.

Sein äußerer Lebensweg verlief noch ruhig. 1322 wurde er an das Studium generale des Ordens nach Köln gesandt, das Albert der Große begründet hatte, und dort war Meister Eckart, der erste große Mystiker des Predigerordens im 14. Jahrhundert, sein Lehrer. Heinrich Seuse ist zwar nicht den hochfliegenden theologischen Spekulationen seines Lehrers gefolgt, aber er verehrte ihn und hielt auch noch zu ihm, als Meister Eckart der Häresie verdächtigt wurde, und verteidigte ihn, als er 1326 nach Konstanz zurückkehrte, in seinem „Büchlein der Wahrheit". Das brachte ihn freilich selber in den Verdacht der Häresie, und er wurde 1330 auf das Generalkapitel des Ordens nach Holland zitiert. Zwar konnte er den Verdacht entkräften, doch schickte ihn die Ordensleitung nicht, wie vorgesehen, zum weiteren Studium an die Pariser Fakultät, sondern nach Konstanz zurück. Er verlor auch sein Amt als theologischer Lektor des dortigen Konventes; eine Demütigung, an der er in seiner Sensibilität sicherlich schwer trug.

Wenn er freilich später von der „Schule des Leidens" sprach, durch die jeder Mensch, der Christus nachfolgen wolle, hindurchgehen müsse, dann mag er vor allem an jene Ereignisse gedacht haben, die für ihn die tiefste Demütigung bedeuten mußten. 1343 war er zum Prior des Konstanzer Klosters gewählt worden, knapp ein Jahr später mußte er aber sein Amt niederlegen, weil ein junges Mädchen, das er eine Zeitlang seelsorglich betreut hatte, behauptete, daß er der Vater ihres Kindes wäre. Da solche Vorkommnisse im Mittelalter nicht gerade selten waren, wurde die Behauptung des Mädchens für wahr gehalten. Bei einem anderen Kleriker wäre man über eine solche Behauptung – mochte sie nun zutreffen oder nicht – sehr bald hinweggegangen. Aber Heinrich Seuse war ein bekannter und beliebter Prediger, sein Beichtstuhl war stets von Ratsuchenden umlagert, und er hielt in vielen Schwesternklöstern im Gebiet des Oberrheins Vorträge. Zwar wurde er Jahre später durch eine vom Ordensmagister angeordnete Untersuchung voll rehabilitiert, aber in den Jahren nach dem „Vorfall" zogen sich immer mehr Menschen von ihm zurück. Das „Gerücht" folgte ihm überall nach, so daß er kaum noch predigen oder Schwesternvorträge halten konnte. Schließlich blieb nichts anderes übrig, als ihn 1348 nach Ulm zu versetzen. Dort lebte er ganz zurückgezogen, denn über seine letzten Lebensjahre ist kaum etwas bekannt geworden, und starb am 25. Januar 1366.

Wenn Seuse daher schreibt: „Ein Mensch, der nicht gelitten hat, was weiß der?", dann bekommt dieser Satz vor dem Hintergrund seines eigenen Lebens einen besonderen Stellenwert. Das Problem des menschlichen Leidens stand bei ihm im Mittelpunkt seines Suchens und Fragens. Das hatte bei ihm nichts mit einer pathologischen Leidenssehnsucht zu tun, die ihm gelegentlich nachgesagt wird. Die Leidensfrage drängte sich ihm auf, weil er das Leiden nicht verdrängte und verdrängen wollte. Zudem stand für ihn die Leidensfrage nicht unter einem primär psychologischen Aspekt, sondern unter einem theologischen. Deshalb stellte er die Frage nach dem Sinn des Leidens an Gott und suchte bei ihm die Antwort. Sie lautet schlicht und bündig: Wer Christus liebt, muß auch mit ihm leiden. Diese Antwort entspricht der christlichen Tradition, aber Seuse entfaltete sie zu einer spirituellen „Schule des Leidens": Nur derjenige liebt Christus wirklich, der das ihm auferlegte Leiden freiwillig auf sich nimmt, der es um Christi willen bejaht. Es muß nochmals betont werden, daß es Seuse hierbei nicht um eine psychologische Überwindung des Leidens geht, auch nicht – und das ist wichtig – um den Einbau des Leidens in eine „Verdienstmoral", in dem das Leiden primär zum Instrumentarium für die Erlangung des ewigen Heiles wird. Seuses Hauptmotivation ist das Mitleiden aus Liebe zu Christus. Symbol für diese Leidensliebe wurde der Rosenstrauch. Auf vielen zeitgenössischen und späteren Darstellungen begegnet Seuse Jesus Christus, der im Rosenstrauch steht und den Mystiker mit den Rosen des Leidens bekränzt: Zeichen der Christusverbundenheit im Leiden und durch das Leiden.

Zur Symbolik dieser Bilder gehört auch die Darstellung eines herumtollenden Hundes mit einem Fetzen Stoff im Maul: Zeichen dafür, daß der Mensch wie ein Spielzeug hin und her geworfen wird und zugleich Sinnbild für die erste Stufe eines Aufstiegs zu Gott: des Sichentbindens in die Gelassenheit. Elsbeth Stagel berichtet darüber: „Als es nach der Konventmesse Morgen ward und er (Seuse) traurig in seiner Zelle saß . . . vernahm er irgendeine Stimme in seinem Innern: ‚Tu auf das Fenster, schau und lerne.' Er öffnete es und blickte hinaus: Da sah er einen Hund, mitten im Kreuzgang, der hatte ein verschlissenes Fußtuch im Maul und spielte damit auf seltsame Weise: Er warf es in die Höhe und wieder zu Boden und zerrte Löcher hinein. Er (Seuse) blickte auf, seufzte von Herzen, und ihm erklang die Stimme in seinem Innern: ‚Solch ein Spielzeug wirst du in deiner Brüder Gerede werden.' Da dachte er bei sich selbst: Da es doch nicht anders sein kann, so gib dich darein und schau nur, wie sich das Fußtuch schweigend so übel behandeln läßt: das tu du auch!"

Diese Haltung des Sich-entbinden-Lassens war bei Seuse nicht Resignation, kein fatalistisches Geschehenlassen, sondern ein bewußter und gewollter Vollzug der Loslösung von der „ungeordneten Anhänglichkeit" an das Irdische, eine notwendige Vorstufe, um sich dann durch und in Christus „bilden" lassen zu können. Diese „Bildung" in Christus bedeutet für Seuse ein Gleichförmigwerden mit Christus, vor allem im Leiden. Zu Elsbeth Stagel sagt er darüber: „Aber wie Christus sich geduldig zeigte und sich in seinem Leiden wie ein sanftes Schaf unter den Wölfen benahm, so läßt Gott einige seiner liebsten Freunde auch zuweilen großes Leid tragen."

Erst wer wie Christus und mit Christus leiden gelernt hat, ist wirklich befähigt, Gott zu erfahren. Aber diese Gotteserfahrung als höchste Stufe der mystischen Vereinigung mit Gott vollzog sich für Heinrich Seuse – wie für viele andere Mystiker – in der Sprach- und Bildlosigkeit. In dieser Vereinigung hört alles Suchen und Fragen auf. Es gibt nur noch die Antwort der „ewigen Weisheit": „Ich gebe mich dir und nehme dich dir und vereinige mich mit dir; du verlierst dich und wirst verwandelt in mich."

Fra Girolamo Savonarola

Jedes Jahr am 23. Mai legt eine Abordnung der Stadt Florenz und des Dominikanerklosters S. Marco vor dem Palazzo Vecchio an jener Stelle Blumen nieder, an der im Jahre 1498 Fra Girolamo Savonarola und zwei seiner Mitbrüder erst gehenkt und dann verbrannt worden sind. Aber die Zeremonie ist zwiespältig: Einerseits ist sie das Zeichen einer Verehrung, andererseits wünscht sich keiner der Anwesenden jene Jahre zurück, in denen Savonarola versuchte, über Florenz die „Herrschaft Gottes" zu errichten.

Seine Bewunderer nennen ihn einen, wenn auch gescheiterten „Reformator der Kirche" oder einen „Befreier des Volkes von der Herrschaft der Reichen". Seine Kritiker bezeichnen ihn als einen „religiösen Schwärmer und Scharlatan", als einen „Volksdemagogen" oder schlicht als einen „Psychopathen". Das Eigenartige liegt darin, daß jede dieser Bezeichnungen zutrifft, sich aber sofort als falsch erweist, wenn auch nur eine von ihnen verabsolutiert wird.

Sicherlich gibt es in Savonarolas Verhalten Bezüge, die wir in der heutigen Terminologie als pathologisch bewerten. Das gilt zum Beispiel für seine Einstellung zum Geschlechtlichen, auch wenn die oft dafür angegebene Begründung, er sei aus „verschmähter Liebe" ins Kloster gegangen, eher fragwürdig erscheint. Aber wie dem auch gewesen sein mag, besonders seine Verfolgungswut gegen gleichgeschlechtliches Sexualverhalten und jeden Anflug von „Freizügigkeit" in der Frauenkleidung – er stellte in einer Predigt die Vermummung der Türkinnen als leuchtendes Beispiel dar – trägt pathologische Züge. Ans Pathologische dürfte auch sein Hang zu fast endlosen Predigtmonologen, dazu seine Rechthaberei und seine Rechtfertigungssucht, die nur die eigenen Argumente gelten ließ, grenzen. Andererseits war Savonarolas Verhalten nicht pathologischer als das vieler Menschen vor und nach ihm. Es konnte sich aber deshalb so fatal auswirken, weil er ein Mann des „öffentlichen Lebens" war und großen Einfluß besaß.

Damit ist dann zugleich die Frage nach seiner „Demagogie" berührt, die er als Prediger ausübte. Fra Girolamo war einer der „größten Kanzelprediger der Kirche", wie es einer seiner Biographen formuliert, und das gilt unabhängig davon, ob man dem Inhalt seiner Predigten zustimmt oder nicht. Dabei war er keineswegs ein „geborener Redner". Als der dreiundzwanzigjährige Kaufmannssohn aus Ferrara 1475 in das Dominikanerkloster in Bologna eintrat, dürfte das Hauptmotiv kaum der Wunsch gewesen sein, Prediger zu werden, sondern der Drang nach einem asketischen Leben im Gegensatz zur „Verweltlichung", die er als Student der Medizin miterlebt hatte. Schließlich hatte er bereits zwei Jahre vor seinem Ordenseintritt einen Traktat „Vom Verderben der Welt" verfaßt. Nach Studienjahren in Bologna kehrte er 1479 nach Ferrara zurück, trat aber dort kaum als Prediger hervor, und als er 1482 wegen kriegerischer Auseinandersetzungen in Ferrara nach Florenz versetzt wurde, fanden seine dort gehaltenen Predigten wenig Anklang, weil sich die Zuhörer an seinem rauhen lombardischen Dialekt und an seiner „gewöhnlichen" Ausdrucksweise stießen, so daß er sich für einige Zeit vom Predigen dispensieren ließ. Aber er nutzte diese Zeit, um sich in der Rhetorik auszubilden, und erhielt eine weitere Predigtausbildung, als er 1487 wieder nach Ferrara zurückkehren konnte. Doch erfolgte seine erneute Versetzung nach Florenz im Jahre 1490 vor allem deshalb, weil er im Kloster S. Marco das Amt eines Lektors, das heißt die von den Konstitutionen festgelegte Aufgabe eines Konventstheologen, übernehmen sollte. 1491 wählten ihn die Brüder zu ihrem Prior, und in der Fastenzeit des gleichen Jahres predigte Fra Girolamo zum ersten Male im Dom. Mit solchen Fastenpredigten, die eine Art Predigtzyklus darstellten, wurden vor allem Prediger beauftragt, von denen man erwartete, daß sie in dieser Zeit der Umkehr und Buße die stets zahlreichen Zuhörer zu eben dieser Umkehr und Buße bewegen könnten.

Und das vermochte Fra Girolamo. Er gehört mit dem Franziskaner Bernhardin von Siena zu den bedeutendsten Bußpredigern dieses Zeitalters. Wie so viele Bußprediger vor und nach ihm predigte er vor allem gegen den Verfall der öffentlichen und privaten Sitten und drohte mit der Strafe Gottes für unbußfertiges Verhalten. Aber Savonarola ging noch über diesen Rahmen hinaus, wurde im Verlaufe seiner Predigten immer konkreter und prophezeite der Stadt Florenz „schlimme Zeiten", falls sich die Bevölkerung nicht von Grund auf bekehre. Als dann im Jahre 1494 die Herrschaft der Medici gestürzt und in der Folge kriegerischer Auseinandersetzungen Florenz von französischen Truppen besetzt wurde, sahen viele Bürger in diesem Ereignis die Erfüllung der Prophezeiungen des Fra Girolamo. Wie groß sein Einfluß war, zeigt die Tatsache, daß er zu einem der fünf Gesandten gewählt wurde, die mit Karl VIII. von Frankreich über das Schicksal von Florenz verhandeln sollten.

Aber all das, einschließlich seiner politischen Einflußnahmen, hätte ihm kaum den Vorwurf der Demagogie eingetragen, wenn er nicht einen direkten Einfluß von der Kanzel auf das Volk gehabt hätte. Es gelang Savonarola 1494, innerhalb weniger Monate die von ihm angeprangerte Sittenverderbnis zumindest im öffentlichen Leben zu beseitigen. Der Karneval mit seinen Lustbarkeiten wurde abgeschafft und durch Bußprozessionen ersetzt, Brettspiele wurden verfemt, und die Frauen beschlossen, sich von nun an züchtig und einfach zu kleiden, und übten auf jene, die anfangs nicht mitmachen wollten, sozialen Druck aus. Denunzianten zeigten Vergehen an, die das „Laster der Sodomie" betrafen, und wurden dafür mit Geld belohnt. Der stärkste soziale Druck ging freilich von der sogenannten „Kinderpolizei" aus, die Fra Girolamo von der Kanzel her mobilisierte. Im Tagebuch des Florentiner Apothekers Landucci heißt es: „ . . . die Kinder wurden vom Frate darin bestärkt, die Körbe mit Karnevalsbrezeln wegzunehmen, ebenso die Bretter der Spieler und viel Unanständiges, das die Frauen benutzten, so daß, wenn die Spieler hörten, es kämen die Kinder des Frate, jeder floh. Noch gab es eine Frau, die die Kühnheit hatte, anders als der Sitte gemäß angezogen auszugehen." Höhepunkte dieser Aktionen waren die beiden „Verbrennungen der Eitelkeiten" in den Jahren 1497 und 1498. Auch hier waren es vor allem die Kinder, die Brettspiele, Kosmetika, „unzüchtige" Bücher, Bilder und Skulpturen auf dem Platz vor der Signoria zusammentrugen, wo sie dann verbrannt oder zerschlagen wurden.

Man hat immer wieder gefragt, wie es einem einzelnen Menschen gelingen konnte, die öffentliche Sittlichkeit in so kurzer Zeit nach seinem Willen umzugestalten. Aber wie bei ähnlichen Vorgängen in der Geschichte, etwa dem Wirken Calvins in Genf, kamen auch in Florenz die äußeren Umstände den Absichten Savonarolas entgegen. Das von ihm angeprangerte „Luxusleben" war, zumindest in der Mittelschicht der Kleinbürger und Handwerker, erst seit einigen Jahrzehnten unter der Herrschaft Lorenzos des „Prächtigen" aufgekommen. Vorher gab es strenge Kleiderverordnungen, und jeder äußere Aufwand war verpönt gewesen. Unter diesem Aspekt bedeuteten die wenn auch spektakulären Aktionen Savonarolas eine Rückkehr zum alten Lebensstil. Hinzu kam der Umstand, daß sich die Bürger einen solchen „Luxus" eigentlich gar nicht leisten konnten, denn die wirtschaftliche Blüte der Stadt war längst vorüber. Florenz verarmte zusehends und mußte ständig Schulden machen. Zumindest der breite Mittelstand lebte über seine Verhältnisse, und es fehlte nicht an Einsicht, daß es in diesem Stil nicht weitergehen könne. Es war denn auch diese bürgerliche Mittelschicht, die die meisten Anhänger Savonarolas stellte.

Daher trifft es auch nur teilweise zu, wenn Savonarola als „Befreier des Volkes von der Herrschaft der Reichen" bezeichnet wird. Er war zwar maßgeblich daran beteiligt, den Mittelstand politisch an die Macht zu bringen, und setzte sich für eine höhere Besteuerung der Reichen ein, aber dieses neue Steuersystem kam gar nicht erst zur Anwendung, und Savonarolas gutgemeinte Almosenaktionen für die „verschämten Armen" waren nicht mehr als ein Tropfen auf den heißen Stein, durch sie konnte das Elend der Unterschicht nicht behoben werden.

Das war sicherlich nicht Savonarolas Schuld. Im Grunde war er kein Volksführer wie etwa Cola di Rienzi in Rom, sondern ein religiös-politischer Theoretiker, der 1498 in seiner Schrift „Über die Regierung der Stadt Florenz" die Idee einer unmittelbaren Gottesherrschaft entwickelte, die alle Bürger unter der Leitung Gottes in brüderlicher Liebe zusammenführen sollte. Und dieser Gottesherrschaft wollte er durch seine Bußpredigten zum Durchbruch verhelfen. Aber die von ihm erstrebte religiöse Erneuerung als Voraussetzung für die Verwirklichung der Gottesherrschaft erschöpfte sich in einem Kleinkrieg gegen die „Sittenlosigkeit".

Damit ist der Vorwurf berührt, Savonarola sei ein „religiöser Scharlatan" gewesen. Nimmt man das Wort Scharlatan im Sinne einer religiösen Manipulation, an deren Aussagen ihr Urheber selbst nicht glaubt, dann ist dieser Vorwurf sicherlich falsch. Fra Girolamo glaubte an das, was er schrieb und predigte; er war davon überzeugt, als Prophet „im Auftrage Gottes" zu handeln. Er selbst würde sich daher uneingeschränkt als einen „Reformator" der Kirche bezeichnet haben. Noch vor seinem Ordenseintritt hatte er ein Gedicht, „Vom Verderben der Kirche", verfaßt, in dem es über die Kirche heißt: „Wie bist du doch so fern den sel'gen Zeiten, da sich die Märtyrer dem Tode weihten." Und es war sicherlich nicht zufällig, daß Savonarola in den Dominikanerorden eintrat, dem der Märtyrer der Inquisition, der heilige Petrus von Verona, angehörte. Innerhalb des Ordens gab es in Italien eine Reformgruppe, die sich am Anfang des 14. Jahrhunderts gebildet hatte und die eine Rückkehr zur ursprünglichen Strenge der Gründergeneration anstrebte. Ihr Zentrum war das Kloster S. Marco in Florenz, und für mehrere Jahrzehnte bildeten S. Marco und einige andere Klöster, die sich dieser Reformbestrebung angeschlossen hatten, ein eigenes Vikariat, das dann freilich wieder aufgelöst wurde, weil die Ordensleitung eine Spaltung des Ordens befürchtete. Aber 1493 erreichte Savonarola als Prior von S. Marco mit Unterstützung der Medici von Papst Alexander VI. die Wiedererrichtung dieser Kongregation und wurde zu deren Generalvikar ernannt. Während sich aber die ursprüngliche Reform auf den Bereich des Ordens beschränkte und mehr indirekt, etwa durch das Wirken des heiligen Antonin als Erzbischof von Florenz, den Klerus und die Seelsorge der Bevölkerung beeinflußte, erstrebte Fra Girolamo eine direkte Reform der kirchlichen Zustände. Er glaubte, als Prophet von Gott für diese Reform gesandt zu sein. Daher richteten sich seine Predigten genauso gegen den Sittenverfall im Klerus, und niemand wurde ausgenommen. Savonarola war zunächst klug genug, den Namen des Papstes nicht zu erwähnen. Aber wenn er den Ämterkauf in der Kirche anprangerte, wußten seine Zuhörer, wer damit gemeint war. Bestechung bildete zwar im politischen und kirchlichen Leben damals eine fast selbstverständliche Methode, die Medici z. B. wußten sie perfekt zu handhaben, aber es war doch etwas anderes, ob sie stillschweigend hingenommen oder von der Kanzel verurteilt wurde.

Die Reaktion der päpstlichen Kurie blieb nicht aus. Der erste Brief des Papstes an Fra Girolamo war noch freundlich. Alexander lud ihn nach Rom ein, um mit ihm über das „Gerücht" zu sprechen, daß er behaupte, aus göttlicher Eingebung als Prophet zu predigen. Von Savonarolas Predigten gegen den Ämterkauf und die Sittenlosigkeit des Klerus war keine Rede. Fra Girolamo antwortete, daß er zur Zeit nicht nach Rom kommen könne, denn er sei leidend und könne deshalb auch nicht predigen. Das mochte zutreffen, denn er hielt in den darauffolgenden Wochen keine Predigten. Aber kaum hatte er seine Predigttätigkeit wiederaufgenommen, erreichte ihn im Oktober 1495 ein zweiter Brief Alexanders, in dem er ihm befahl, unverzüglich nach Rom zu kommen, und ihm verbot, weiter zu predigen. Zugleich beauftragte der Papst den Provinzial der lombardischen Dominikanerprovinz mit einer Untersuchung der Vorgänge in S. Marco. Das war ein geschickter Schachzug, denn die lombardische Provinz hatte die Lostrennung der toskanischen Klöster aus ihrem Verband nur widerwillig hingenommen. Savonarola protestierte denn auch sofort beim Papst und schlug vor, einen päpstlichen Visitator nach S. Marco zu entsenden, der sich unvoreingenommen über die wirklichen Verhältnisse informieren könne. Doch Alexander dachte nicht daran, auf diesen Vorschlag einzugehen. Ihm ging es auch gar nicht um eine Überprüfung der Zustände des Klosters, sondern um einen Machtkampf, dessen erster Schritt die Isolierung Fra Girolamos von seinem Orden sein sollte. Die toskanischen Klöster wurden der römischen Dominikanerprovinz eingegliedert, und damit verlor Fra Girolamo auch sein Amt als Generalvikar einer eigenen Kongregation. Innerhalb des Ordens hielten nur die Mitbrüder von S. Marco noch zu ihm.

Savonarola reiste nicht nach Rom, aber befolgte zunächst das erneute Predigtverbot. Doch sein Dilemma bestand darin, daß er die Kanzel brauchte, um Einfluß auf das Volk ausüben zu können, zumal seine Gegner sich stärker bemerkbar machten. Am 4. Mai 1497 predigte er wieder, eine Woche später wurde er vom Papst exkommuniziert. Auch hier ging Alexander geschickt vor. Das Breve mit der Mitteilung der Exkommunikation wurde zunächst nur an die Klöster versandt und erst einen Monat später in den vier Hauptkirchen und vor dem Dom öffentlich verlesen. Der Klerus von Florenz stand, wenn auch aus unterschiedlichen Gründen, Savonarola reserviert oder ablehnend gegenüber. Teile der Geistlichkeit stießen sich an den berechtigten Vorwürfen, die Savonarola gegen das „lasterhafte Treiben" vieler Priester richtete. Bei den seelsorgetreibenden Klöstern, besonders bei den Franziskanern, spielte auch ein gewisser Konkurrenzneid mit, denn seit Fra Girolamos Auftreten strömte das Volk fast ausschließlich zu seinen Predigten.

Auch hier war Savonarola in die Isolation gedrängt. Das kommt sehr deutlich an der Feuerprobe vom April 1498 zum Ausdruck. Je ein Franziskaner von S. Croce und ein Dominikaner von S. Marco sollten durch das Feuer gehen, um die Richtigkeit oder Falschheit eines vorher vereinbarten Textes zu beweisen, der die Thesen enthielt, daß die Kirche der Erneuerung bedürfe und daß die über Savonarola verhängte Exkommunikation nichtig sei. Würde der Franziskaner bei der Feuerprobe verbrennen, der Dominikaner jedoch nicht, dann wäre damit die Wahrheit dieser Thesen bewiesen, würden beide verbrennen, dann wären die Thesen widerlegt. Aus heutiger Sicht mag man einen solchen Afterglauben belächeln, aber jedes Zeitalter hat seine eigenen Kriterien, und vielleicht werden sich kommende Generationen darüber wundern, warum wir Heutigen die Bedeutung eines Staates daran messen, wie lange sich einige seiner Angehörigen im Weltraum aufhalten können. Die Feuerprobe fand schließlich doch nicht statt, weil sich die Kontrahenten nicht über die Modalitäten einigen konnten. Aber das eigentliche Ziel der Gegner Savonarolas wurde dennoch erreicht, denn nun begann auch das „einfache Volk" an der Sendung Savonarolas zu zweifeln.

In den politischen Gremien hatte Fra Girolamo schon vorher an Einfluß verloren. Zwar hatte die Stadt unmittelbar nach seiner Exkommunikation eine Petition an den Papst gesandt, um die Maßnahme aufheben zu lassen, und die Stadt hatte sich auch geweigert, der Aufforderung Alexanders nachzukommen, Savonarola entweder nach Rom auszuliefern oder in städtischen Gewahrsam zu setzen, damit er nicht mehr predigen könne. Doch gegen beide Beschlüsse hatte es bereits eine starke Opposition gegeben, die sich zwar nicht direkt gegen Savonarola zu richten wagte, dafür aber um so mehr auf die Gefahren für die Stadt hinwies, falls Alexander das angedrohte Interdikt über Florenz verhängen würde. Den Ausschlag gaben schließlich einige Berichte des Florentiner Gesandten am päpstlichen Hof, der die Signoria davor warnte, daß Alexander die Verhaftung der in Rom lebenden Florentiner Kaufleute plane. Durch eine solche Maßnahme wäre der Handel der ohnehin katastrophal verschuldeten Stadt empfindlich getroffen worden, und so siegte, wie es ein Biograph Savonarolas formuliert, die „kaufmännische Vernunft". Denn nun verbot auch die Signoria Savonarola jede Predigttätigkeit.

Fra Girolamo muß geahnt haben, was diese Wendung bedeutete, denn in seinem letzten Brief an den Papst findet sich der Satz: „Ich erwarte mit höchstem Verlangen den Tod." Ein letzter Versuch zu predigen endete mit einem Sturm des Volkes auf S. Marco und seiner Gefangensetzung. Im April begannen die Verhöre Fra Girolamos und seiner beiden mitgefangenen Mitbrüder. Unter der Streckfolter gestand Savonarola, kein Prophet zu sein, widerrief aber vor der päpstlichen Kommission im Mai sein Geständnis und beharrte darauf, daß er „der Bote Gottes und von Gott gesandt" sei. Wieder wurde er in die Streckfolter gespannt und machte nun alle Aussagen, die von ihm verlangt wurden. Das Todesurteil erfolgte wegen „falscher und verderblicher Lehren", worunter sich jeder vorstellen konnte, was er mochte.

Die Hinrichtung am 23. Mai 1498 auf der Piazza vor dem Palazzo Vecchio wurde als ein Spektakel inszeniert. So wie noch Monate zuvor zehntausend Menschen auf dem Platz vor dem Dom zusammengeströmt waren, um Fra Girolamo predigen zu hören, versammelte sich jetzt das Volk um die Hinrichtungsstätte. Und die gleichen Kinder, die noch im Februar den „Tand" zur „Verbrennung der Eitelkeiten" herangeschleppt hatten, warfen als erste Steine auf die leblosen Körper, die zwischen den Ketten hingen. Die Asche Savonarolas und seiner beiden Mitbrüder wurde in den Arno versenkt, damit nichts, wie Landucci schreibt, „von den dreien gefunden werde".

Fra Bartolomeo de Las Casas

In der Geschichtsschreibung gilt der Dominikanerorden als der „Orden der Inquisition". Es hat wenig Sinn, den in dieser Feststellung enthaltenen Vorwurf durch spitzfindige Unterscheidungen abmildern zu wollen; etwa mit dem Hinweis darauf, daß es ja nicht die Inquisitoren waren, die folterten und verbrannten, sondern die Vollzugsorgane der staatlichen Gewalt. Denn wenn die staatlichen Vollzugsorgane auf Bitten der Inquisitoren auf eine „weltliche" Bestrafung verzichtet hätten, wären sie selber exkommuniziert und der Häresie verdächtigt worden. Zwar unterschied man bei der Inquisition zwischen Ungläubigen einerseits, die nicht von der Inquisition belangt werden sollten, und Häretikern und Apostaten andererseits, für welche die Bestimmungen der Inquisition galten, aber in der Praxis waren vor allem die Juden mitbetroffen.

Besonders übel war das Denunziantentum. Zwar sahen die päpstlichen Verordnungen über die Inquisition eine formale Befragung durch die kirchlichen Gerichte vor, die alle rechtserheblichen Tatbestände, also auch jene, die zugunsten der Verdächtigen sprachen, zu berücksichtigen hatten, aber in der Praxis genügten oft die Anzeigen zweier Personen, um den Verdächtigen für schuldig zu befinden. Hinzu kam dann noch die ausdrückliche Ermächtigung von Papst Innozenz IV., bei den Verhören die Folter anwenden zu lassen; eine Methode, die in der Mehrzahl der Fälle zu einer Geständniserzwingung führte. Ebenso verhängnisvoll war die Ausdehnung der Inquisition auf weitere Delikte wie Zauberei, Alchemie und Blasphemie, die schließlich zu den zahlreichen Hexenprozessen des Spätmittelalters führte, an deren Durchführung die Dominikaner maßgeblich beteiligt waren.

Die bittere Ironie liegt darin, daß sich ausgerechnet jener Orden so tief in die Inquisition verstrickte, dessen Gründer den Orden schuf, um die von der Kirche Abgefallenen nicht durch Gewalt, sondern durch die Überzeugung der Predigt zur Kirche zurückzuführen. Andererseits war der Dominikanerorden wegen seines Umgangs mit solchen Gruppen für die Inquisition geradezu „prädestiniert". Das hatte schon der heilige Dominikus während des Albigenserkrieges erfahren, als er dazu herangezogen wurde, der Häresie verdächtige Gefangene über ihre Rechtgläubigkeit zu befragen. Es gab zwar damals noch nicht die Inquisition als kirchliche Einrichtung, aber der Effekt war der gleiche: War jemand als unbelehrbarer und unbekehrbarer Häretiker überführt, so wurde er verbrannt.

In einer Epoche, in der die Religionsfreiheit zumindest auf dem Papier in den Verfassungen fast aller Staaten verankert ist, fällt es schwer, jene Mentalität zu verstehen, aus der die Inquisition erwuchs: dem auch politisch bedingten Anspruch nach der Einheit von Staat und Kirche, der jede „Andersartigkeit" im Glauben und in der religiösen Praxis als eine Gefährdung dieser Einheit bewerten mußte, vor allem aber die verrechtlichte theologisierende Begründung der Inquisition, daß ein vom kirchlichen Glauben abgefallener Mensch ein Vertragsbrüchiger sei und dementsprechend behandelt werden müsse. Das Abrücken von diesen Positionen ist der Kirche und dem Staat gleichermaßen schwergefallen und vollzog sich in einem Jahrhunderte andauernden Prozeß mit einer Reihe von außer- und innerkirchlichen Auseinandersetzungen, bei denen mehr und mehr der Aspekt der Menschenrechte in den Vordergrund trat.

Im Mittelpunkt einer der frühesten und fast noch peripher zu nennenden Auseinandersetzungen um die Menschenrechte stand die Gestalt des Dominikanerbischofs Bartolomeo de Las Casas. Es würde zu weit führen, hier auf alle Begebenheiten seines langen Lebens im einzelnen einzugehen, denn wichtiger als seine vollständige Biographie ist die Darstellung jener Idee, die sein Leben beherrschte, nämlich die einer friedlichen Missionierung der Indios in Mittelamerika. Mit diesem Konzept hing auch sein Eintritt in den Dominikanerorden im Jahre 1522 zusammen, als Las Casas bereits 48 Jahre alt war. Denn durch einen Dominikaner war er „bekehrt" worden, als dieser im Jahre 1514 dem damaligen Feldkaplan Las Casas die Absolution in der Beichte verweigerte, weil Las Casas auf seiner Besitzung, die er für seine Verdienste bei der Eroberung Cubas erhalten hatte, Indios ohne Bezahlung für sich arbeiten ließ. Er hatte sich damals, wie viele andere, „nichts dabei gedacht", als er die Indios wirtschaftlich ausbeutete; und auch dieser Dominikaner, der ihm die Absolution verweigert hatte, gehörte zu einer nur kleinen Gruppe von Dominikanern, deren Mitglieder in dieser Hinsicht anders dachten als die Mehrzahl der Geistlichen, die als Militärseelsorger und Missionare in Mittelamerika tätig waren.

Las Casas schloß sich denn auch bald dieser dominikanischen Gruppe an, trat bei verschiedenen Aufenthalten in Spanien für die Rechte der Indios ein und entwickelte Pläne für eine friedliche Missionierung der Indios unter Ausschaltung der Eroberer, die sich vor allem an den Schätzen des Landes bereichern wollten. Aber eigene Versuche zu einer solchen Missionierung scheiterten: Die örtlichen Behörden stellten sich gegen ihn, seine Mitarbeiter verloren den Mut, und die Indios waren zu Recht nach den Erfahrungen, die sie mit den Spaniern gemacht hatten, mißtrauisch geworden. Auch im eigenen Orden stieß er auf Widerstand. Als er 1532 zum Prior in Puerto de la Plata auf Santo Domingo ernannt wurde und in seinen Predigten für eine menschliche und gerechte Behandlung der Indios eintrat, gingen sofort Beschwerden aus der spanischen Bevölkerung an seinen Provinzial. Las Casas verteidigte sich in langen Briefen, mußte aber dann einsehen, daß er für seine Pläne kaum mit einer offiziellen Unterstützung rechnen konnte. Die folgenden Jahre verbrachte er als Missionar in Nicaragua und Guatemala, stets auf der Suche nach einer Möglichkeit, wenigstens dort auf friedliche Weise missionieren zu können, wohin noch keine Spanier gekommen waren. Er gehörte zu den wenigen Missionaren, die sich ohne Hilfe eines Dolmetschers mit den Indios verständigen konnten, und in Guatemala gelang es ihm mit Hilfe einiger Kaziken, Missionsstationen zu errichten. Aber staatliche und kirchliche Interventionen vereitelten immer wieder seine Tätigkeiten.

Schließlich fuhr er 1540 nach Spanien zurück, um den königlichen Hof und vor allem den „Indischen Rat" für seine Pläne zu gewinnen. Unterwegs erfuhr er von der Bulle „Sublimis Deus" Papst Pauls III., in der die Menschenrechte der Eingeborenen anerkannt wurden. Auch am spanischen Hof und im „Indischen Rat" war man auf die Mißstände in den spanischen Kolonien aufmerksam geworden und hatte eine Kommission eingesetzt, die die Beschwerden überprüfen und „Neue Gesetze" für diese Gebiete vorbereiten sollte. Als Unterstützung für diese Gesetzgebung verfaßte Las Casas 1542 seinen „Kurzen Bericht über die Vernichtung der Indios", der, 1552 veröffentlicht und in viele Sprachen übersetzt, zu seiner bekanntesten Schrift geworden ist. In ihr zählte er penibel die Übergriffe der spanischen Eroberer auf und nannte auch Zahlen. Und wie üblich warfen ihm seine Gegner Übertreibungen vor: nicht soundsoviele, sondern „nur" soundsoviele Indios – die Zahlenangaben schwanken auf beiden

Seiten – seien bei der Eroberung getötet worden. Aber Las Casas ging es gar nicht so sehr um Zahlen, sondern primär um die Ausbeutung der Eingeborenenbevölkerung und deren Versklavung, ein Thema, das er in einer späteren Schrift erneut aufgriff und ausführlicher behandelte.

Da für ihn die spanischen Eroberungskriege in Amerika „ungerechte Kriege" im Sinne der mittelalterlichen Lehre vom „gerechten Kriege" waren, mußte auch die Versklavung der gefangengenommenen Eingeborenen ein Unrecht sein; ganz abgesehen davon, daß auch noch nach der Eroberung des Landes Sklavenrazzien stattfanden, die mit dem Krieg gar nichts mehr zu tun hatten, sondern einzig deshalb unternommen wurden, um billige Arbeitskräfte für die Bergwerke und die Landwirtschaft zu bekommen.

Diese für unser heutiges Verständnis der Menschenrechte eher umständliche Argumentation macht aber zugleich verständlich, warum sich Las Casas nicht von Anfang an grundsätzlich gegen die Sklaverei aussprach, sondern auf die „Einfuhr" von Negersklaven in die eroberten Gebiete drängte und damit, wenn auch ungewollt, zum Miturheber der bis heute andauernden Rassenkonflikte auf dem amerikanischen Kontinent wurde. Erst Jahre später, in seiner „Geschichte der Indios", schrieb er, daß die Negersklaverei ebenso ungerechtfertigt sei wie die Versklavung der Indios, aber er konnte die Entwicklung nicht mehr aufhalten. Für die Indios erreichte er freilich, daß deren Versklavung durch die „Neuen Gesetze" aus dem Jahre 1542 verboten wurde.

Weniger erfolgreich war er dagegen in der Frage der Ausbeutung von Indios als kostenlose Arbeitskräfte, eine Ausbeutung, die er in seiner Denkschrift ebenso anprangerte wie die Versklavung. Hier waren es vor allem zwei Argumente, die er vorbrachte: Da die Indios freie Untertanen der spanischen Krone waren, dürften sie nicht in den Dienst spanischer Grundherren gezwungen werden. Dies verstoße eindeutig gegen die Menschenrechte. Das zweite Argument stützte sich auf seine Missionsintention: Man könne nicht das Evangelium der Liebe predigen, wenn gleichzeitig jene, an die es gerichtet sei, zur Zwangsarbeit gepreßt werden. Die „Neuen Gesetze" sahen zwar eine schrittweise Einschränkung der Rechte auf die Rekrutierung von Zwangsarbeitern vor, aber die spanischen Grundherren intervenierten bei Kaiser Karl V., der das entsprechende Gesetz annullierte. Las Casas protestierte nun seinerseits, aber, wie so oft, vergeblich.

Wie wenig sich die spanischen Eroberer und Landbesitzer an die „Neuen Gesetze" halten wollten, konnte Las Casas 1545 nach seiner Ernennung zum Bischof von Chiapa und seiner Rückkehr nach Mittelamerika erleben. Schon in Guatemala wurde er mit Hohn und Verachtung empfangen. Der Stadtrat schrieb: „Wir sind derart skandalisiert, als ob man uns den Henker schickte, um uns den Kopf abschlagen zu lassen." Gleichzeitig erfuhr Las Casas, daß eine Abordnung hoher spanischer Verwaltungsbeamter sowie die Provinziale der Franziskaner, Dominikaner und Augustiner nach Spanien abgereist waren, um am königlichen Hof gegen die „Neuen Gesetze" zu protestieren. Auch die Geistlichen seiner weiträumigen Diözese stellten sich in der Mehrzahl gegen ihn, und ebenso empörte sich die spanische Bevölkerung von Chiapa, als er die Abschaffung der Sklaverei für die Indios verlangte. Er wurde öffentlich als Lutheraner und „schlimmer als der Antichrist" beschimpft. Die Mitbrüder des Dominikanerklosters in Chiapa, die zu Las Casas hielten, mußten ihren Stadtkonvent aufgeben und flüchteten sich zu den Indios. Auch Las Casas mußte weichen und zog sich zu einer langen Visitations- und Missionsreise bis an die Grenzen seiner Diözese zurück. Aber auch das half ihm wenig. Haß und Verleumdungen folgten ihm überall nach, und mit fadenscheinigen Argumenten wurde ihm sogar sein Bischofsgehalt gesperrt. Einer seiner früheren Biographen überliefert ein verzweifeltes Gebet Fra Bartolomeos in dieser Situation: „Herr, du weißt, was ich hier suche, und du siehst, was ich dabei gewinne: Hunger, Ermüdung und den Abscheu aller. Wenn ich mich täusche, täusche ich mich um deines Evangeliums willen. Aber so fest ich an dieses Evangelium glaube, glaube ich, daß ich mich nicht täusche. Aber wenn ich es nicht recht verstehe, dann erleuchte mich, damit ich nicht das Ärgernis bleibe, das ich in dieser Welt bin."

Als Las Casas nach Chiapa zurückkehrte, hatte sich die Empörung der spanischen Bevölkerung zwar gelegt, und auch auf der sich anschließenden Bischofskonferenz in Mexico konnte er einige Vermittlungsvorschläge durchsetzen, aber ihm wurde immer mehr klar, daß er in Amerika mit seinen Reformplänen wenig ausrichten könne. Deshalb entschloß er sich, nach Spanien zurückzukehren. Er reichte seine Demission als Bischof von Chiapa ein, die ihm dann auch im Jahre 1551 gewährt wurde. Als aber der über Siebzigjährige 1547 in Spanien eintraf, stand ihm eine neue Auseinandersetzung bevor: die Disputation mit dem Theologen des spanischen Hofes, Juan Ginés de Sepúlveda. Sepúlveda war – um es salopp auszudrücken – in relativ kurzer Zeit zu einer Art „Startheologe" geworden, hatte sich aber bisher kaum mit den Problemen Amerikas beschäftigt. Dann freilich brachte er 1545 eine vielbeachtete Schrift heraus, mit der er durch theologische Argumente die spanischen Eroberungskriege zu rechtfertigen versuchte. Las Casas las die Schrift nach seiner Ankunft in Spanien und versuchte über den „Indienrat" eine Drucklegung der Schrift zu verhindern, während sich Sepúlveda bei Karl V. um die Druckerlaubnis verwandte, der sie seinem Hoftheologen nicht abschlagen wollte, zumal die Mehrzahl der spanischen Granden die Tendenz des Werkes unterstützte. Auch der Kirchenrat stimmte der Drucklegung zu. Las Casas ließ nun durch den „Indienrat" zwei theologische Gutachten einholen, die negativ ausfielen, worauf Sepúlveda mit dem Antrag antwortete, die „Anleitung für Beichtväter" des Las Casas zu verbieten. Man könnte die Auseinandersetzung als „Theologengezänk" abqualifizieren, aber in diesem Falle ging es um ein hochbrisantes politisches Thema, bei dem auf der einen Seite – wie es ein späterer Biograph formulierte – die „Ehre Spaniens", auf der anderen Seite „das Gewissen Spaniens" verteidigt wurde.

Im August 1550 – Las Casas war 76 Jahre alt – fand dann die berühmte Disputation der Kontrahenten vor Vertretern des „Indienrats", ausgewählten Kirchenrechtlern und Theologieprofessoren statt. Hier seien nur jene beiden Thesen Sepúlvedas erwähnt, die sich direkt auf die Reformideen des Las Casas beziehen: 1. Die Heiden – d. h. in diesem Falle die Indios – seien wegen der Roheit ihrer Anlagen verpflichtet, den höher gebildeten Spaniern zu dienen, und könnten dazu, falls sie sich weigerten, durch Krieg gezwungen werden. 2. Ein Krieg gegen die Heiden sei deshalb erlaubt, weil nur durch eine Eroberung ihres Landes die Predigt des Glaubens möglich werde.

Las Casas antwortete vor der Versammlung und sprach fünf Tage lang. Gegen das zweite Argument Sepúlvedas verwies er auf das Beispiel Jesu Christi und der Apostel, die bei ihrer Verkündigung des Evangeliums niemals Gewalt angewendet hatten und bereit waren, für das

Die Farbbilder der folgenden vier Seiten zeigen:

46 BARTOLOMEO DE LAS CASAS (1474-1566). Gemälde im Archivo de Indias in Sevilla.

47 GROSSES AUTODAFÉ auf der Plaza Mayor von Madrid unter dem Vorsitz von Carlos II. am 30. Juli 1680. Gemälde von Franzisco Rizi. – Escorial.

48 CHRISTUS UND DIE JÜNGER auf dem Weg nach Emmaus. Relief (12. Jh.) aus dem Kreuzgang von Santo Domingo de Silos (vgl. Nr. 4). In diesem Relief klingt noch einmal der Gedanke des Dominikus über die Aussendung der Ordensbrüder zur Verkündigung des Gotteswortes und sein Gebot der Armut an.

Evangelium den Tod zu erleiden. Krieg hingegen bringe nur Haß und Furcht und bilde daher die schlechteste Voraussetzung, um das Evangelium zu verkünden. Besonders heftig wandte sich Las Casas gegen die These Sepúlvedas, daß die Heiden „Barbaren" wären. Selbst Aristoteles, den Sepúlveda immer wieder zitiert hatte, um zu beweisen, daß es Menschen gäbe, die von „Natur aus" Sklaven seien, habe dies nie von den „Barbaren" behauptet. Und für die Indios in Amerika träfe diese Bezeichnung nicht zu, denn sie besäßen eine eigene, wenn auch von den Europäern verschiedene Kultur und seien durchaus fähig, das Evangelium ohne Zwang anzunehmen.

Wie üblich zog sich der Streit in die Länge: Sepúlveda antwortete mit einer Gegenschrift, auf die Las Casas seinerseits mit einer Gegenschrift antwortete, und die letzte Sitzung der Kommission fand erst im Juli 1557 statt. Aber schon am Ende der ersten Sitzung im Oktober 1550 hatte sich die Kommission für ein Verbot jener Schriften Sepúlvedas entschieden, die sich mit den Problemen in Westindien beschäftigten. Man kann diese Entscheidung als einen „Sieg" für Las Casas bewerten. Nur handelte es sich um einen Pyrrhussieg, denn das Verbot änderte nichts an der Praxis in den spanischen Kolonialgebieten, während Sepúlvedas Ansichten von der „Minderwertigkeit" der nichteuropäischen Völker die Kolonialgeschichte der nachfolgenden Jahrhunderte mitbestimmten.

Las Casas hat sich denn auch nach seinem „Sieg" über die wirklichen Zustände in Amerika keinerlei Illusionen gemacht. Im Jahre 1563 schrieb der fast Neunzigjährige an seine Mitarbeiter in Guatemala: „Einundsechzig Jahre sind es her, daß ich diese Tyrannei beginnen sah, und wie sie immer mehr wuchs und sich bis auf den heutigen Tag ausbreitete . . ." Aber er gab nicht auf. Als Beigeordneter des „Indienrates" verfaßte er Gutachten für dieses Gremium und interpellierte am spanischen Hof. Noch im Juni 1566 saß der nun Zweiundneunzigjährige in der Sitzung des „Indienrates" und hörte der Verlesung seiner Vorschläge und Forderungen zu. Den königlichen Räten müssen diese Mahnungen des Las Casas wie Catos „Ceterum censeo" in den Ohren geklungen haben. Nur mit dem großen Unterschied, daß Cato die Vernichtung Karthagos, während Las Casas die Rettung der Indios forderte. Wenige Wochen nach dieser letzten Sitzung starb er am 31. Juli 1566 in Madrid.

Henri Dominique Lacordaire

Als Henri Lacordaire im April 1839 in den Dominikanerorden eintrat, war der Sechsunddreißigjährige bereits zwölf Jahre Weltpriester, galt als einer der bedeutendsten Prediger Frankreichs und zugleich als eine der umstrittensten Persönlichkeiten im kirchlichen Leben dieses Landes.

Auch sein Weg zum Priestertum war ungewöhnlich gewesen. Als Schüler in Dijon hatte er, wie viele seiner Altersgenossen aus dem bürgerlichen Mittelstand, seinen Glauben verloren, und das Studium der Rechtswissenschaft hatte seine religiöse Indifferenz eher noch bestärkt.

Warum der junge Pariser Anwalt zum Glauben zurückfand, hat auch Lacordaire selbst in seiner Autobiographie nicht zu erklären versucht. Er verweist dort schlicht auf das Wort Jesu im Johannesevangelium: „Der Geist weht, wo er will . . ." und fügt hinzu: „Am Vorabend noch ein Ungläubiger, war ich am anderen Tage Christ, erfüllt mit einer unerschütterlichen Gewißheit." Drei Jahre später, 1827, wurde er zum Priester geweiht.

Aber noch bevor er als Prediger bekannt wurde, war er bereits umstritten, weil er sich 1830 dem Kreis um Lamennais angeschlossen hatte und zu den Herausgebern der liberal-demokratischen Zeitung „L'Avenir" gehörte. Ein Jahr später trennte er sich zwar von Lamennais, aber blieb zeit seines Lebens, wie er selbst ausdrückte, ein „Liberaler", was ihn nicht nur mit den staatlichen, sondern auch mit den kirchlichen Behörden immer wieder in Konflikt brachte und ihm die dauernde Gegnerschaft konservativ denkender bürgerlicher Kreise und adliger Legitimisten einbrachte.

Von diesem Gegensatz war auch seine Tätigkeit als Prediger überschattet. Als man ihn 1834 bat, für die Schüler des Collège St-Stanislas geistliche Vorträge zu halten, „entdeckte" er sich selbst und entdeckte ihn Paris als Prediger. „Am ersten Sonntag . . . fanden sich nur Internatsschüler und einige Freunde des Hauses ein. Beim zweiten Vortrag waren die auswärtigen Besucher bereits zahlreicher, und beim dritten mußte man schon einen großen Teil der Schüler entfernen, um der Menge der unerwarteten Gäste Platz zu machen. Dieser Zulauf hielt drei Monate an." Lacordaire hatte seine Berufung gefunden: „eine die Religion verteidigende Belehrung von der Kanzel aus". In diesem Sinne hat er sich bis an sein Lebensende als Animator und Verteidiger des Glaubens aufgefaßt.

Aber seine Gegner sahen es offensichtlich anders. Für sie war er noch immer der Anhänger der demokratischen Ideen Lamennais', der sich inzwischen völlig von der Kirche abgewandt hatte, und man beschuldigte Lacordaire, daß seine „Vorträge vom Geist der Revolution und der Anarchie durchdrungen" seien, ein Vorwurf, der nur aus der ideologischen Sprachregelung der Politik zu verstehen ist. Da sich auch der Erzbischof von Paris zurückhaltend verhielt, zog sich Lacordaire wieder zurück. Aber andere katholische Gruppen wandten sich an den Erzbischof mit einer Denkschrift zugunsten Lacordaires, in der es hieß: „Wir brauchen einen Prediger, der uns etwas anderes bietet als die üblichen langweiligen Predigten." Daraufhin bot ihm der Bischof die Kanzel seiner Kathedrale an, und Lacordaire akzeptierte nach eintägiger Bedenkzeit.

Beim Lesen seiner Autobiographie spürt man noch heute die Dramatik, die seine erste Predigt in Notre-Dame begleitete. Seine Gegner hofften, daß er sich gründlich blamiere, der Erzbischof saß zweifelnd unter den Zuhörern, denn was er getan hatte, war ein Wagnis, und wenn es scheiterte, fiel die Verantwortung auf ihn zurück. Aber Lacordaire gewann, wie er sich ausdrückte, „die Schlacht" und fügt hinzu: „Zu Hause angekommen, erklärte er (der Erzbischof) sogleich, daß er mich zum Ehrendomherrn an seiner Metropole ernennen werde, und man hatte Mühe, ihn abzuhalten, daß er es nicht vor dem Abschluß der Vorträge tat."

Aus heutiger Sicht mag man einen solchen Kampf um die Berufung eines Dompredigers belächeln. Aber in der französischen Tradition besaß diese Position einen Stellenwert, der kaum zu überschätzen war. Lacordaires Predigten wurden in der Presse kommentiert und diskutiert, und durch die Presse erreichten sie die abgelegensten Orte in der Provinz. Aber trotz seines Erfolges machte sich Lacordaire keinerlei Illusionen. Zu seinen Predigten strömten vor allem junge Menschen, Zweifelnde und auch viele Ungläubige, denn die Thematik seiner Vorträge und deren unkonventionelle Art zog sie an. Gleichzeitig zog sich aber das sogenannte „fromme Publikum" in andere Kirchen zurück, und Lacordaires Gegner benutzten jede sich bietende Gelegenheit, gegen ihn zu polemisieren. Nach fast zweijähriger Tätigkeit bat er den Erzbischof um einen Urlaub; nicht, weil ihn diese Angriffe zermürbt hätten, sondern weil er spürte, daß er noch „nicht die notwendige Reife" besaß, um der Prediger zu sein, der er sein wollte.

Er zog sich 1836 nach Rom zurück und blieb dort fast zwei Jahre. Er schreibt über diese Zeit: „Ich studierte mich selber und machte auch Studien über die allgemeinen Bedürfnisse der Kirche." Dabei kam er immer klarer zur Erkenntnis, daß die Kirche und vor allem die französische Kirche die Hilfe von religiösen Orden brauche. Zunächst dachte er daran, einen eigenen Orden zu gründen, verwarf aber diesen Plan, weil er realistisch genug war, um einzusehen, wie schwierig die Verwirklichung sein würde. So entschloß er sich, einem der bestehenden Orden beizutreten, und seine Wahl fiel auf den Predigerorden. Diese Wahl lag für Lacordaire als Prediger nahe. Die Schwierigkeit bestand freilich darin, daß in Frankreich immer noch alle Orden verboten waren und lediglich die Jesuiten faktisch geduldet wurden.

Als Lacordaire 1837 nach Frankreich zurückkehrte und mit Freunden seinen Plan besprach, den Predigerorden in Frankreich neu zu gründen, stieß er auf Skepsis und Ablehnung. Man hielt ihm vor, die Zeiten der Orden seien endgültig vorbei, und wenn überhaupt, dann genüge die Gesellschaft Jesu für die überpfarrlichen Aufgaben. Aber Lacordaire ließ sich von diesen Argumenten nicht umstimmen und trat 1839 in den Dominikanerorden ein. Schon vor seinem Eintritt hatte er eine „Denkschrift zur Wiedereinführung des Dominikanerordens in Frankreich" verfaßt, die er an alle Abgeordneten des Parlaments und der Pairskammer verschickte.

Bei seiner Einkleidung im Kloster S. Maria sopra Minerva nahm er den Namen Dominikus an und nannte sich fortan Henri Dominique Lacordaire. Im Noviziatskonvent La Quercia bei Viterbo bekam er einen ersten praktischen Einblick in den Orden, in der Abgeschiedenheit des Klosters verfaßte er seine „Geschichte des heiligen Dominikus", eine Schrift, die ähnlich wie die Denkschrift für ein breites Publikum bestimmt war und mithelfen sollte, den Dominikanerorden in Frankreich wieder bekannt zu machen, der dort seit der Französischen Revolution nicht mehr existierte.

Man hat Pater Lacordaire des öfteren vorgeworfen, er habe im Dominikanerorden das Element der Predigt allzusehr und ausschließlich hervorgehoben. Aber wer die diesbezüglichen Passagen in seiner Autobiographie und seine Schrift über den heiligen Dominikus liest, wird zu einem anderen Urteil kommen. Pater Lacordaire liebte seinen Orden nicht nur, weil er ein Predigerorden, sondern ebensosehr, weil er ein Orden der Theologie und der Kontemplation ist. Lacordaire war sicherlich kein Mystiker im klassischen Sinne des Wortes, und sein Predigtstil war eher kämpferisch als verinnerlicht. Aber wer etwa seine Schrift über die heilige Maria Magdalena liest, wird dort einen Menschen finden, der nicht nur um die Nachfolge Christi als

Grundlage des Ordenslebens weiß, sondern diese Nachfolge lebt.

Am 12. April 1840 legte Pater Lacordaire seine Profeß ab und übersiedelte anschließend in das Kloster S. Sabina nach Rom. Die Denkschrift, aber auch seine persönlichen Beziehungen brachten bereits im gleichen Jahr drei französische Ordenskandidaten nach Rom; auch sie geprägte Persönlichkeiten: ein Architekt, ein Weltpriester aus Nancy und ein Kunstmaler. Lacordaire schildert in seiner Autobiographie, wie er und seine neuen Mitbrüder begannen, in der Tradition des Ordens heimisch zu werden, der sie in S. Sabina täglich begegneten.

Ein Jahr später reiste er nach Paris zurück, um seine Predigttätigkeit wiederaufzunehmen. Der neue Erzbischof erlaubte ihm sofort, im Habit des Ordens auf die Kanzel von Notre-Dame zu steigen. Auch dies bedeutete ein Wagnis, denn der Orden war ja noch immer verboten. Lacordaire bemerkt ironisch: „Was werden Regierung, Volk und Presse sagen, wenn die blutige Erscheinung eines Inquisitionsmönches sie so herausfordert?" Unter den Zuhörern saß auch der für die Angelegenheiten der Religion zuständige Kultusminister. Lacordaire hatte als Thema seines Vortrages „Die religiöse Berufung der französischen Nation" gewählt und versuchte seine Zuhörer wieder mit der christlichen Tradition Frankreichs vertraut zu machen. Es war eine begeisterte und begeisternde Ansprache, die sofort in der Presse heftig diskutiert wurde, ihm die Einladung eines königlichen Ministers „bescherte" und ihm – was für ihn das wichtigste war – fünf junge Ordenskandidaten zuführte, die er anschließend mit nach Rom nahm, wo sich die neue französische Kommunität im Kloster S. Clemente einrichtete.

Aber auch die alten Gegner Lacordaires traten sofort wieder auf den Plan. Obwohl in seiner Predigt über die religiöse Berufung der französischen Nation kein Satz zu finden war, den man als „liberal" oder gar „demokratisch" hätte auslegen können – wer sie heute liest, wird sie eher für „traditionalistisch" halten –, erschienen Denkschriften und Broschüren mit dem Vorwurf, Lacordaire wolle nun unter dem „Deckmantel des Dominikanerordens" die verurteilten Lehren des Lamennais in Frankreich propagieren. Das Staatssekretariat in Rom übernahm ungeprüft diese Verdächtigungen und ordnete die Auflösung der neuen Kommunität in S. Clemente an, die inzwischen auf zwölf französische Mitglieder angestiegen war. Die eine Hälfte der Novizen wurde nach La Quercia beordert, die andere in einen Konvent nach Piemont. Noch in seinen Memoiren bemerkt Pater Lacordaire bitter: „Die Absicht war deutlich zu erkennen. Man hoffte, indem man uns trennte, uns aufzulösen."

Aber auch die traditionell antiklerikalen Gruppen in Frankreich formierten sich gegen ihn. Während ihn die Konservativen als Demokraten und Liberalen beim Staatssekretariat denunzierten, verdächtigten ihn die politischen Liberalen als einen „Reaktionär", der die alte Vorherrschaft der Kirche wieder einführen wolle; eine Absicht, die Pater Lacordaire völlig fern lag. Als der Plan Lacordaires bekannt wurde, im kommenden Jahr in Bordeaux zu predigen, und das Gerücht umlief, er wolle dort eine Niederlassung des Ordens gründen, wandten sich die bürgerlich-liberalen Abgeordneten dieser Region an den Kultusminister und forderten ihn auf, dagegen einzuschreiten, andernfalls würden sie im Parlament eine Klageschrift wegen Untätigkeit im Amt gegen ihn einreichen. Lacordaire erfuhr noch in Rom von diesen Agitationen, und Freunde rieten ihm von der geplanten Reise nach Bordeaux ab, um einen Eklat zu vermeiden. Aber Pater Lacordaire wollte nicht zurückstecken, auch wenn er seine Pläne für die Gründung eines Konventes in Bordeaux vorläufig aufgab.

Henri Dominique Lacordaire, O.P.,
Gemälde von Théodore Chassériau im Louvre, Paris.

Fünf Monate lang predigte er in Bordeaux, und ähnlich wie in Paris konnte er schon nach wenigen Vorträgen schreiben: „Die Schlacht ist gewonnen!" Ein zwar ungewöhnlicher Ausdruck für einen Predigterfolg, aber aus der damaligen politischen Situation heraus durchaus verstehbar. Der eigentliche Erfolg der Predigten lag auf einem anderen Gebiet. Noch zwanzig Jahre später schrieb der Erzbischof von Bordeaux: „Die durch Lacordaires Predigten bewirkten Bekehrungen sind ebenso zahlreich wie nachhaltig. Der öffentliche Geist in Bordeaux ist wie umgewandelt." Man muß diese Aussage und ähnliche Zeugnisse beachten, um verstehen zu können, daß Pater Lacordaire nicht nur ein sogenannter „glänzender Prediger" war, sondern vor allem mit seinen Vorträgen Menschen ansprach, die sich, aus welchen Gründen auch immer, von der Kirche abgewendet hatten und nun zu ihr zurückfanden. Gerade unter diesem Aspekt war seine Predigttätigkeit spezifisch dominikanisch.

Schon im folgenden Sommer 1842 konnte Lacordaire in Nancy die erste Niederlassung auf französischem Boden gründen. Ein junger, vermögender Adliger, der dann selber Dominikaner wurde, hatte den finanziellen Grundstock für den Erwerb eines kleinen Hauses ermöglicht, ein Pfarrer an der Domkirche schenkte der Kommunität kurze Zeit später seine zehntausend Bände umfassende Bibliothek, und mit weiteren Geldern konnten schließlich eine Kapelle, ein Refektorium und einige Gästezimmer angebaut werden. Nancy „gewöhnte sich", wie es Lacordaire formulierte, „allmählich an den Anblick der Mönche".

Ganz anders dagegen lag die Situation in Paris, als Erzbischof Affre Pater Lacordaire bat, in der Adventszeit in Notre-Dame zu predigen. Nicht nur die Presse und die Parteien stellten sich gegen die „Rückkehr der Mönche", König Louis Philippe intervenierte persönlich beim Erzbischof und verlangte, daß die Berufung Lacordaires rückgängig gemacht werde. Als der Bischof sich weigerte, schloß der König die Unterredung mit den Worten: „Wenn ein Unglück geschieht, so mögen Sie wissen, daß Sie weder einen Soldaten noch einen Nationalgardisten bekommen werden, um Sie zu schützen."

Nun, es geschah kein Unglück, obwohl sich einige jugendliche Zuhörer Lacordaires vorsorglich mit Waffen versorgt hatten. Mit Ausnahme einiger fanatisch antiklerikaler Gruppen, erkannten die bürgerlich-liberalen Parteien sehr bald, daß Lacordaire und seine Anhänger nicht für die Wiederherstellung der vorrevolutionären kirchlichen Privilegien eintraten, sondern lediglich für die Anwendung jener allgemeinen Freiheitsrechte auf die Kirche, die das Bürgertum im Kampf gegen den Absolutismus und die bourbonische Restauration für sich selber durchgesetzt hatte. Die Unruhen legten sich, und Pater Lacordaire hielt bis in das Jahr 1851 seine Predigten.

Gleichzeitig nahm die Neugründung von Konventen seine Zeit und seine Kraft in Anspruch. Innerhalb weniger Jahre entstanden Klöster in Chalais in der Nähe der Grande Chartreuse bei Grenoble, das Noviziatshaus wurde, in Flavigny in Burgund und schließlich in Paris. Der Zustrom von Ordenskandidaten war zu einem großen Teil der Predigttätigkeit Lacordaires zu verdanken, die sich nicht auf Paris beschränkte, sondern sich ebenso auf andere große französische Städte wie Toulon, Grenoble, Lyon, Straßburg und Dijon erstreckte.

Die Revolution des Jahres 1848, in der die konstitutionelle Monarchie gestürzt wurde, brachte Lacordaire noch einmal kurz in das Rampenlicht der Politik. Er wurde in die neue gesetzgebende Versammlung gewählt, gab aber schon nach wenigen Tagen seinen Sitz wieder auf und zog sich ebenso von der von ihm mitbegründeten Zeitschrift „Die neue Ära" zurück. Er hatte die Monarchie nicht geliebt, aber er war auch kein Revolutionär, sondern blieb ein demokratischer Liberaler der „Mitte". Als aufgeputschte Volksmassen die gesetzgebende Versammlung stürmten, „hatte ich nur einen einzigen Gedanken, der jede Minute wiederkehrte: Die Republik ist verloren!" Mit fast prophetischer Klarsicht sah er die kommende absolutistische Restauration mit ihren Zensurbestimmungen voraus, und als sie 1851 mit dem Staatsstreich des späteren Kaisers Napoleon III. begann, verließ er die Kanzel von Notre-Dame.

Um so unverständlicher – aber aus der Situation des Jahres 1848 dann doch wieder verständlich – mußte eine Polemik wirken, die in der konservativen Presse gegen ihn angefacht wurde und zu einer abermaligen Denunziation in Rom führte. Er selbst schrieb ironisch, daß er als „rückfälliger Revolutionär" angeklagt werde, und fuhr 1850 sofort nach Rom, um die Verdächtigungen aus der Welt zu schaffen. Drei Tage nach der Audienz beim Papst erfolgte die Anerkennung der französischen Dominikanerprovinz, und Pater Lacordaire wurde zu ihrem ersten Oberen ernannt. Er leitete die Provinz bis 1854 und dann nochmals von 1858 bis 1861. In seiner Eigenschaft als Provinzial konnte er auf Einladung des Erzbischofs von Toulouse das dortige Dominikanerkloster neu begründen und während seiner zweiten Amtszeit die Klöster von Dijon und St-Maximin.

Wie bereits erwähnt, übten Lacordaires Predigten eine besondere Anziehungskraft auf junge Menschen aus. Seine aufgeschlossene, liebenswürdige Art des Umgangs verschaffte ihm leicht Kontakt und darüber hinaus jenes Vertrauen, von dem seine zahlreichen Freundschaften innerhalb und außerhalb des Ordens zeugen. Zudem hatte er sich nicht nur in vielen Predigten, sondern auch in seinen Schriften mit Fragen der Jugenderziehung beschäftigt und 1852 einen dominikanischen Laienorden für Erzieher gegründet. In seinem „Erziehungsplan" für diesen Orden schrieb Lacordaire als Kernsatz: „In unserem Zeitalter der Kritik und Forschung kommt es hauptsächlich darauf an, der Jugend einen auf solider historischer und philosophischer Bildung begründeten festen Glauben zu vermitteln." Daher übernahm er nach Ablauf seines ersten Provinzialates gerne die Leitung des ordenseigenen Schulinternates im südfranzösischen Sorèze. Seine kontaktfreudige Art machte ihn rasch zum Mittelpunkt der Schule, die Kinder und Jugendlichen spürten seine Güte, denn er selber lebte, was er einmal einem Freunde geschrieben hatte: „Die wahre Güte ist es, die uns Gott am meisten ähnlich macht und die Menschen am ehesten entwaffnet." In Sorèze verfaßte er auch seine leider unvollendet gebliebenen „Briefe an einen jungen Mann über das christliche Leben", aus denen hier nur ein Satz zitiert sei, der zugleich als Devise für das Leben Pater Lacordaires gelten könnte: „Sprich nicht nur: ich will mich retten! Sage dir: ich will die Welt retten! Das ist der einzige eines Christen würdige Gesichtskreis, denn es ist der Gesichtskreis der Liebe."

Lacordaire liebte seine Aufgabe als Erzieher und wäre gern noch länger in Sorèze geblieben, aber 1858 wurde ihm erneut das Amt des Provinzials übertragen, und er mußte wieder nach Paris übersiedeln. Trotz vieler Visitationsreisen, Verhandlungen und Predigten fand er die Zeit, die bereits erwähnte Schrift „Die heilige Maria Magdalena" zu verfassen, wohl auch als ein Zeichen des Dankes dafür, daß die Dominikaner das in der Nähe ihres Heiligtums gelegene Kloster St-Maximin, in dem sie 600 Jahre gelebt hatten, wieder übernehmen konnten. Sie wurde nicht nur seine letzte eigenhändig geschriebene Abhandlung, sondern auch jene Schrift, die die volle Reifung seiner Spiritualität erkennen läßt. Sie schließt mit den Worten: „Möchte ich hiermit meine letzte Zeile schreiben und wie Maria Magdalena am Vorabend des bitteren Leidens zu Füßen Jesu Christi das gebrechliche, aber treue Gefäß meines Denkens zerbrechen."

Wenige Wochen später befiel ihn eine schwere Krankheit, die zu seinem Tode führen sollte. Aber es gab noch einen äußeren Höhepunkt, nämlich seine Wahl in die Académie française. Doch war er, als er im Februar in feierlicher Zeremonie den Platz seines verstorbenen Vorgängers Tocqueville einnahm, bereits ein todkranker Mann. Im August erbat er seine Demission vom Amt des Provinzials und zog sich zum Sterben nach Sorèze zurück. Dort diktierte er auf Bitten seines Freundes Montalembert sein „Testament", den Rückblick auf sein Leben. Doch das Werk blieb unvollendet, denn der Zustand Lacordaires verschlechterte sich zusehends. In der Nacht zum 21. November kam es zur letzten Krise. Von Schmerzen geschüttelt, rief er, wie einer der anwesenden Mitbrüder später berichtete, die Worte aus: „Mein Gott, mein Gott! Öffne mir, öffne mir!" „Später", so heißt es weiter, „schien der Kranke einzuschlummern, und aus diesem Schlummer ist er nicht mehr erwacht."

Inhalt